最初からそう教えて
くれればいいのに！

相続研究会 著

相続実務の
ツボとコツが
ゼッタイにわかる本

秀和システム

はじめに

　相続の問題は誰にでも起こります。しかし、いざ当事者になると、何をすべきかわからず困ってしまう方も大勢います。日本は高齢化社会のため死亡者数は年々増加しており、令和元年には138万人(厚生労働省「令和元年(2019)人口動態統計(確定数)の概況」)もの方が亡くなっています。

　今後も相続問題はますます増えていくことが見込まれますが、一方で、それをサポートする専門家も、相続に精通している方ばかりではありません。なぜなら、相続では家族構成や家族仲、資産状況、登記や税金の話、裁判の話など様々な問題が複雑に絡み合い、また、1つとして同じ事例は無いからです。

　たとえば相続が起こったときは、次のような声を聞きます。

「相続税って財産がいくらあるときにかかるのか。実際いくらかかるのか」
「遺留分や特別受益、円満な家庭でないときにどうなるのか」
「親が亡くなったあと、どのような手続きが必要なのか」
「預金口座の解約など、どうしたら良いかわからない」

　本書は弁護士、税理士、行政書士、司法書士の4士業がそれぞれの専門分野について執筆しているため、士業の方でも相続に携わった経験が少ない方、自身の専門分野以外の相続知識に触れた経験が少ない方、あるいはFPの方、銀行員や不動産会社の方といった、相続に少しでも触れる機会のある方の入門書として広くご活用いただけます。

　また、本書では実際の相談場面のイメージが掴みやすいようにQ&A方式で解説しているため、関心のあるQから読んでいただけます。これにより、クライアントの悩みを解決できる具体的な答えがわかります。

　なお、わかりやすさを優先したため、定義等については一部簡略化、概略化しているところがありますので、この点はご了承ください。

　本書を通じて、相続に携わる方々が「相続」についてのツボやコツを把握して頂き、それぞれの事案においての考えを整理して頂く一助になればと願っています。

相続研究会一同

最初からそう教えてくれればいいのに！

相続実務のツボとコツがゼッタイにわかる本

Contents

第2章　生前の相続対策（民事信託）

第6章 死亡後の相続手続き②相続税の申告について

第1章 相続の基礎知識を整理しよう

相続実務ってどういうこと？

相続っていろんな手続きとかあるし大変そうだな～税金とかもさっぱり

そうだね、まずは相続実務の全体像をみていこう

生前対策と相続手続きの流れをイメージしよう

　本書を手に取っていただいた方の中には、これから相続実務の知識を身に着けておきたい一般の方のほか、相続手続きを担う各士業やコンサルタント、銀行や不動産会社、保険会社など専門職の方が多いのではないでしょうか。さっそく本題に入りたいところですが、まずは、**生前対策**と**相続手続**の概要について見ていきましょう。

生前対策の３つの柱

　生前対策では、主に個人の持つ資産を誰にどのように承継させ、実際に相続が発生した際に相続税の納税資金をいかに確保するのか、あるいは、相続税そのものの負担をいかに少なくしていくかについて検討していきます。この生前対策には、大きく３つのポイントがあり、①**遺産分割対策**、②**相続税対策**、③**財産管理対策**をバランスよく検討し、相続人間の争いや、後々相続人が相続税の納税資金で困らないように計画しなければなりません。

●①遺産分割対策の問題

　相続財産の内容が、現金や有価証券など分けやすい資産であれば比較的平等な遺産分割も難しくないでしょう。しかし、相続実務の現場で特に問題となるのは、不動産や自社株式（非上場株式）など容易に分けたり現金化することが困難な資産です。これらの資産がある場合、遺産分割がまとまらず、それぞれの主張が対立し、骨肉の

争いに発展するケースも多々あります。**遺産分割協議**に期限はありませんが、未了の状態では、銀行が現金の引き出しに応じてくれず、事実上の**口座凍結**状態となり、資金繰りに戸惑う相続人もいるでしょう。相続登記が未了では、不動産の売却もできません。他にも、後述する相続税申告の問題も発生します。生前から誰がどの財産を承継するのかを検討し、その内容を**遺言書や民事信託**によって実現できるように準備することが重要です。

●②相続税の問題

　一定額以上の相続財産がある場合、税金を納める義務が発生します。これを**相続税**といいますが、相続開始から10か月以内にこの相続税申告を行い、原則現金で納付しなければならない決まりになっています。これを過ぎると、延滞税などのペナルティが課せられることもありますので、相続税の発生が予想される場合は、計画的に納税資金を確保する必要があります。また、遺産分割協議がまとまらなければ、各種の減税特例などを受けることができないなどのデメリットがありますので、遺産分割対策と同様に優先して検討していく必要があります。相続税は**超過累進課税**となっているため、相続財産が大きければ大きいほど、納税負担も重くなります。相続税を減らす方法として大きく2つのポイントがありますが、1つは、生前贈与などで子や孫に財産を移し、相続財産を減らしていく方法です。年間110万円までの非課税枠を活用した暦年贈与は、もっともポピュラーな対策でといえるしょう。もう1つは、相続税の課税対象となる相続財産の評価額を下げることにより、相続税を圧縮する方法です。つまり、同じ価値のある財産でも、適用する評価方法によって相続税評価が異なるため、より評価の低くなる財産を保有するという考え方です。これには、主に、賃貸不動産の建築や区分マンションを活用した方法があります。

●③財産管理の問題

　遺産分割対策や相続税対策も重要ですが、本人が認知症になった場合の財産管理が問題になります。財産管理とは、預金口座の現金を使ったり、不動産を担保に入れてローンを組んだり、不動産投資を始めたり、あるいはこれらの財産を贈与する、遺贈するなど、財産の利用や維持、形成に関する行為を言います。認知症になると、これらの意思表現が困難になり、契約を結ぶなどの法律行為ができなくなりますので、必然的に生前対策の根本的な問題となるのです。長期的な相続税対策では、計画が途中で頓挫するリスクもあるため、本人が元気なうちから対策が必要です。

▼生前対策の３つの柱

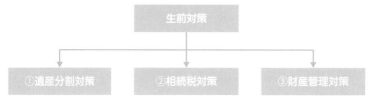

相続手続きの実務

　生前対策の対策を講じておくことも重要ですが、相続開始後の相続手続では、葬儀の他に、ケースに応じて相続放棄や相続税申告など期限内にしなければならない届出や手続きが多くありますので、注意が必要です。

▼相続手続きの流れ

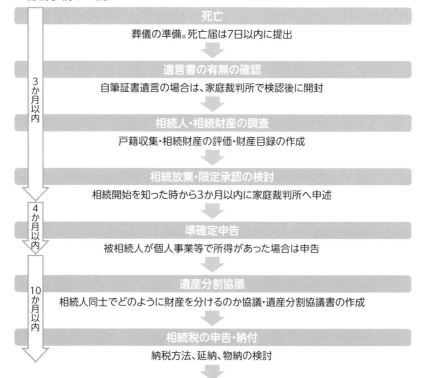

2 超高齢化社会となった日本の現状はどうなっているの？

日本の高齢化って"超"なんだよね、どんな問題があるのかな

年々増加傾向にあるから、色々と対策を考えないとね

超高齢化社会の日本にとって財産管理は最重要課題

　日本は超高齢化社会といわれています。総務省の人口推計によると、2019年時点で、日本の総人口1億2,617万人のうち、高齢者（65歳以上）が3,588万人であり、高齢者の総人口に占める割合は28.4%と世界で最も高いのです。これは、4人に1人以上が高齢者ということになります。また、医療技術の進歩に伴い、人間の平均寿命も年々伸びて長寿化しています。ここで問題となるのが、不健康寿命も伸びているという事実です。認知症や寝たきりの状態になってしまうと、介護等の問題のほか、本人の意思確認ができず、契約のなどの法律行為ができなくなるため、財産を活用することが極めて難しくなります。ですから、財産管理対策は生前対策の中でもとりわけ重要課題といえます。

▼高齢者人口の割合

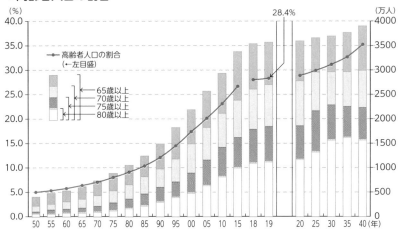

出典：総務省統計局「1. 高齢者の人口」をもとに作成
(https://www.stat.go.jp/data/topics/topi1211.html)

認知症問題

　高齢化が進む中で、特に認知症による問題は大きく、厚生労働省の推計によれば、今後、高齢者の認知症有病者数は2025年には約700万人にも上るとされており、高齢者の内5人に1人が認知症になると予測されています。また、日本で認知症患者が保有する金融資産額は2030年時点で215兆円に達すると試算されています。認知症は、本人の理解力や判断力が著しく衰退した状態で、単に老化による物忘れとは異なりますので、回復が困難なケースも少なくありません。本人の意思が確認できなくては、契約など法律行為はできませんし、意思が曖昧な状況で行った契約は、後々になって契約無効などのリスクを伴います。ですから、契約相手が見つからないといった状況にもなるわけです。実際、銀行口座の預金も、銀行が本人の認知症を察知した場合、口座を凍結する扱いをするため、以後の出金は家族であってもすることはできません。介護施設の費用を工面するために、空き家となる持家を売却したいというケースでも、本人が意思表示できなければ売却はできません。長期的な生前対策の場合、途中で認知症が進み、計画が頓挫するリスクを考えると、実行に移すことは難しいでしょう。今後、認知症リスクは、生前対策を検討していく上で、より重要な課題と言えるのです。

【認知症になってできなくなること】

①自宅の売却ができなくなる

②遺産分割ができなくなる

③口座が凍結状態となり現金が下せなくなる

④節税対策ができなくなる

意思能力の判断

　本人がした不動産売買契約や遺書などの有効無効について、後々になって、当時の判断能力の有無を巡るトラブルが考えられます。実際に裁判となった場合、本人の年齢、認知症の程度、行為の動機・背景、内容、難易、重大性、行為の結果を正しく認識できたか等を総合的に考慮されますが、具体的には、医療上の認定（**長谷川式簡易知能評価スケール**の結果、医師の意見書や診断書等）や取引内容への理解度、特に不動産取引のような通常行わない契約の場合は、単に契約書や委任状へ署名をしただけではなく、契約内容の理解力があったかどうかの状況が求められます。また、取引の合理性や高齢者にとって不利な取引か否か等から判断されるようです。高齢者が関与した不動産取引等に関わる専門家は、本人の判断能力に疑問がある場合、より慎重な対応を心掛け、医療上の根拠や、関係者に確認書を求めるなどし、最悪、契約を中断するなどの柔軟な対応が必要です。

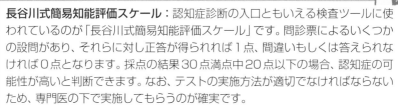

用語の解説

長谷川式簡易知能評価スケール：認知症診断の入口ともいえる検査ツールに使われているのが「長谷川式簡易知能評価スケール」です。問診票によるいくつかの設問があり、それらに対し正答が得られれば1点、間違いもしくは答えられなければ0点となります。採点の結果30点満点中20点以下の場合、認知症の可能性が高いと判断できます。なお、テストの実施方法が適切でなければならないため、専門医の下で実施してもらうのが確実です。

3 相続が起きたときに どのような問題がある？

円満に相続したいけど不安だな

遺産分割協議がまとまらないと大変だよ。そろそろちゃんと話し合っておかないとね

そもそも相続とは？

　相続とは、人の死亡によって開始し、その人に帰属していた一切の権利義務を相続人へ承継させる制度のことを言います。人はいつか死を迎えますが、その人が持っていた現金や土地、有価証券等の財産ほか、借金などの負債を含めた一切の権利義務は、その後もなおこの世に残り続け、相続人に承継されることになります。その人に属する権利義務が誰に承継されるかの決まりがなければ、もともとの債権者や債務者は非常に困るでしょうし、残された家族も住んでいた家を引き継げないとなると大きな問題となり、社会経済が混乱してしまいます。そこで、「相続」という制度により、権利義務が引継がれる仕組みが規定されています。

遺産分割で親族間の争いに

　まず問題となるのが、相続により、いったい誰がどの財産負債を承継するのかということです。昨今では、遺産分割事件も年々増加傾向にあります。高齢化による相続件数の増加や、核家族化、不況による財産への関心の高まりなど、いくつかの原因が考えられる中で、特に兄弟姉妹間の相続トラブルが多いようです。そして、相続財産が自宅だけのような資産総額が5,000万円以下の家庭でも相続トラブルとなるケースは多いということにも注目すべきでしょう。実家に住みたいという意見や、売却して現金が欲しいという兄弟姉妹間の意見の食い違いが、骨肉の争いになることも少なくありません。

また、遺産分割を行う際には、遺留分、寄与分、特別受益などの相続特有問題や、分けることの難しい不動産の価格評価に関して相続人間で揉めることも多くあります。このように、遺産分割の問題は家庭ごとに様々です。遺言書はあるのか、生命保険金や信託財産など遺産分割の対象とならない財産はあるかなど、誰がどの財産を引き継ぐのかを事前にしっかり検討することで、未然に防げる相続トラブルは多いものです。

▼**全国の家庭裁判所における遺産分割事件の件数**

年	遺産分割事件の件数
平成12年	8,889件
平成25年	12,263件
平成26年	12,577件
平成27年	12,615件
平成28年	12,188件

出典：裁判所ウェブサイト　司法統計より

遺産の価額別の遺産分割事件

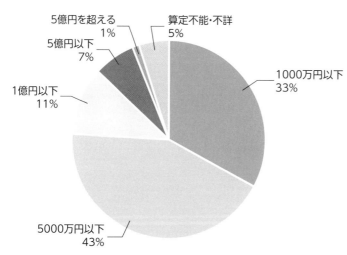

出典：裁判所ウェブサイト　「平成30年度「52　遺産分割事件のうち認容・調停成立件数（「分割をしない」を除く）　遺産の内容別遺産の価額別　全家庭裁判所」をもとに作成
(https://www.courts.go.jp/app/sihotokei_jp/list_detail?page=14&filter%5Bkeyword3%5D%5B0%5D=7&filter%5Btype%5D=1)

相続で財産が減ってしまう

　相続手続きでは、相続税の問題もあります。相続人の人数や資産の多寡によって相続税の負担額が左右されるため、相続が発生する前から早めに把握しておくことが重要です。また、相続税は、相続開始後10か月以内に原則現金で納付する必要があるため、手元に現金がなければ、延納や相続した不動産などの売却を検討しなければいけません。物納を検討する場合には、確定測量など要件整備が必要となりますので、時間や費用がかかるケースがあります（相続税ついては3-1節参照）。

4 手続き前に相続人が亡くなった場合はどうする？ 〜数次相続〜

そういえば、父さんの遺産分割協議やってなかったよね？

そうだね、母さんも他界してから随分経つし、誰が相続人かわからないね

数次相続とは？

　数次相続とは、相続開始後に、遺産分割協議や不動産の名義変更などの相続手続きが完了する前に、さらにその相続人の内の誰かが死亡することで、相続が重なるケースをいいます。父が死亡したあと、何だかんだで遺産分割を先送りにしている内に、母が他界してしまったというケースも少なくありません。この場合、父の相続に関しての遺産分割協議と、母に関しての遺産分割協議をしなければなりません。ここで法定相続というものを思い出してください。相続というのは、民法に定められた相続人に自動的に権利や義務が承継されるようになっています。一度の数次相続であればそこまで問題となることは多くないかもしれません。しかし、数次相続の問題点は、これが重なることにより関係者がどんどん増えていってしまうことにあります。実際、実務的に問題となるのは、このような親族関係が複雑化し、全く面識のなかった者同士が遺産分割を行わなければならない点にあります。いざ相続した不動産を売却しようと調べたら、所有者が何十人にもなっていたとか、相続人が認知症や寝たきりの状態で後見人を選任しなければならないとか、そもそも行方不明といったケースでは、もはや裁判所を通してでなければ解決できなくなり、費用も時間もかかります。都度整理していくことが肝要です。

数次相続と代襲相続の違いは？

　数次相続と**代襲相続**との違いは、簡単に言えば死亡のタイミングによる違いです。代襲相続は、もともと相続人となる予定の子または兄弟姉妹が、被相続人よりも先に死んでしまっていた場合の規定です。その場合、子または兄弟姉妹の子が、代わって相続人となるのがこの代襲相続です。一方で数次相続とは、一旦は相続人としての地位を取得しますが、その後、遺産分割協議を経ないうちに相続人が死亡してしまうケースをいいます。わかりやすい事例を見てみましょう。父の死亡後、相続人の長女が翌年死亡したケースでは、父の相続人は、母、次女、長女になり、長女の相続人は配偶者と長男になります。一方で、父の死亡前に既に長女が死亡していた場合は、父の相続人は、母、次女、そして長女を代襲相続して長男になります。これらの違いによって、相続人が変わることがあるため、相続人を判断する際は注意が必要です。

▼**数次相続の例**

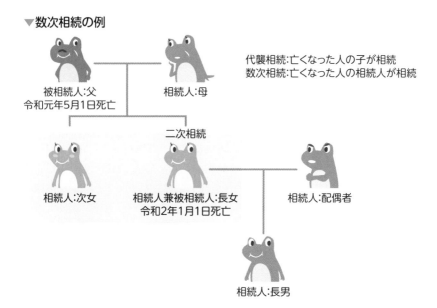

代襲相続：亡くなった人の子が相続
数次相続：亡くなった人の相続人が相続

被相続人：父
令和元年5月1日死亡

相続人：母

二次相続

相続人：次女

相続人兼被相続人：長女
令和2年1月1日死亡

相続人：配偶者

相続人：長男

数次相続の際の法定相続分は？

　数次相続が発生した場合に、相続人や相続分はどうなるのか、遺産分割協議はどうするのかという点ですが、ここは、難しく考えずに順を追ってみていくと理解が深まると思います。

父の相続に関しては、母が４分の２、次女４分の１、長女４分の１となります。しかし、既に長女は死亡しているため、父の遺産分割協議には、長女の相続人である配偶者と次男が参加して行います。したがって、父の相続に関して、配偶者と長男が、それぞれ８分の１ずつ相続することになります。

▼**数次相続後の相続分**

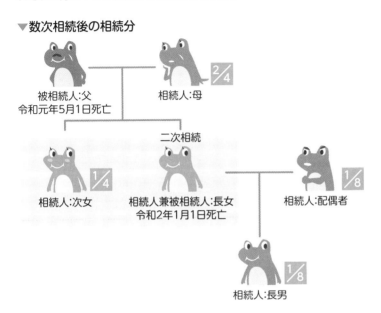

被相続人:父
令和元年5月1日死亡

相続人:母 $\frac{2}{4}$

二次相続

相続人:次女 $\frac{1}{4}$

相続人兼被相続人:長女
令和2年1月1日死亡

相続人:配偶者 $\frac{1}{8}$

相続人:長男 $\frac{1}{8}$

5 法務局で遺言を保管する メリットってあるの？

遺言の新しい保管制度って知ってる？

なんだか若干手続きがめんどくさそうだから、どこまで普及するか未知数だね

法改正の趣旨とメリットとデメリット

　2020年7月10日から、法務局で**自筆証書遺言書保管制度**が開始されました。この制度では、法務大臣の指定する法務局が遺言書の保管所としての業務を行い、遺言書の管理事務を行うとされています。従来までの遺言書の保管方法には、自宅金庫や箪笥、金融機関による遺言信託などが活用されていたと思います。しかし、特に自宅で保管されることの多い自筆証書遺言では、様式不備や作成の真否をめぐって争族となるケースも珍しくなく、手軽に作成できる反面、紛失や相続人による書き換え、廃棄のリスクもあります。本制度では、法務局で遺言書が保管されるほか、遺言書保管官による遺言書の形式的な確認（署名・押印や訂正方法、日付の有無の確認）や、遺言者の意思確認の実施、家庭裁判所による検認の規定の除外（本制度を活用した場合、検認は不要となる）など、自筆証書遺言固有のリスクと相続人の負担が一定程度軽減されています。一方で、遺言書の保管申請を法務局で行うには、遺言者自らが管轄の法務局に出頭しなければならず、代理による申請はできないとされています。この点は、従来の自筆証書遺言作成の簡易さと比較し、遺言者にとっては負担となっています。また、必ず自筆である必要があるため、文字が書けない事情がある場合には、この制度は活用することができません。この場合は、公正証書遺言の活用を検討する必要がありますが、公正証書遺言の作成費用と比較すると、自筆証書遺言書保管制度は非常に低廉な価格で利用可能と言えます。これらを比較しながら、活用を検討していくことになるでしょう。

遺言者による遺言書保管申請の手続き

　自筆証書遺言書保管制度における手続を行う際には，申請書又は各種請求書等を作成する必要があります。ここでは簡単な流れを確認し、詳細は法務省HPを確認しましょう。

法務省ホームページ

http://www.moj.go.jp/MINJI/minji03_00051.html

●①遺言書の保管の申請

　まずは、自筆証書遺言の作成を行います。形式については、法務省HPから確認してください。また、保管申請には、申請書、添付書面（本籍記載のある住民票（作成後3か月以内のもの））、本人確認書類（マイナンバーカード、運転免許証、旅券など）が必要となります。申請書は法務省ホームページ又は、遺言書保管所（法務局）の窓口で取得しましょう。

●②管轄を確認する

　遺言書の保管の申請は、①遺言者の住所地、②本籍地、③遺言者が所有する不動産の所在地を管轄する遺言書保管所のいずれかを管轄する遺言書保管所に、遺言者自らが出頭して行います。既に遺言書を遺言書保管書へ預けている場合は、その遺言書保管所で行います。管轄違いの場合、保管申請は却下されてしまうので、事前に調べておきましょう。

●③保管証を受け取る

　保管の手続きが完了すると、遺言者の氏名、出生の年月日、遺言書保管所の名称及び保管番号が記載された保管証が発行されます。保管番号があると、遺言書の閲覧や、保管の申請の撤回、変更の届出等をするときに簡易的に行えます。また、家族へ保管証を共有することで、遺言書の存在だけを伝えるといった活用方法も考えられます。再発行できない書類とされていますので、失くさずに保管する必要があります。

●④手数料

　遺言書の保管の申請、遺言書の閲覧請求、遺言書情報証明書又は遺言書保管事実証明書の交付を請求するには、所定の手数料を納める必要があります（遺言書情報証明書と遺言書保管事実証明書については後述）。

1

▼自筆証書遺言保管制度の手数料

申請・請求の種別	申請・請求者	手数料
遺言書の保管の申請	遺言者	一件につき、3900円
遺言書の閲覧の請求（モニター）	遺言者 関係相続人等	一回につき、1400円
遺言書の閲覧の請求（原本）	遺言者 関係相続人等	一回につき、1700円
遺言書情報証明書の交付請求	関係相続人等	一通につき、1400円
遺言書保管事実証明書の交付請求	関係相続人等	一通につき、800円
申請書等・撤回書等の閲覧の請求	遺言者 関係相続人等	一の申請に関する申請書等又は一の撤回に関する撤回書等につき、1700円

※　遺言書の保管の申請の撤回及び変更の届出については手数料はかかりません。

出典：法務省HP「自筆証書遺言保管制度の手数料及び管轄一覧」をもとに作成

(http://www.moj.go.jp/MINJI/minji06_00010.html)

相続人等による遺言書保管制度の3つの手続き

　相続人等が遺言書が預けられているかを確認するための制度や、預けられた遺言書で、財産の引継ぎをするための制度になります。

①遺言書保管事実証明書

　遺言書保管事実証明書の請求とは、遺言者の死亡後、自分を相続人、受遺者、遺言執行者等とする遺言書が、遺言書保管所に保管されているかどうかを確認する手続きです。これは、遺言書の検索制度のような手続きといえます。本請求は、全国どの遺言書保管所でも交付の申請ができ、郵送でも可能です。請求後、該当の遺言書が保管されている旨、又は保管がされていなことを証明した書面（遺言書保管事実証明書）が交付されます。申請時の添付書類として、遺言者の死亡の事実が確認できる戸籍（除籍）謄本、請求人の住民票の写し等が必要となりますので、詳細は、法務省HPを確認しましょう。遺言書が保管されていた場合は、遺言書情報証明書の請求や遺言書の閲覧を行い、遺言書の確認を行います。

②遺言書情報証明書の請求

　遺言書情報証明書取得の請求とは、遺言者の相続人等が、遺言者の死亡後、遺言書の画像情報等を用いた証明書（遺言書情報証明書）の交付請求及び遺言書原本の閲

覧請求をする手続きをいいます。相続人等は、この遺言書情報証明書を用いて相続登記や各手続きを行うことができます。従来の家庭裁判所による検認済みの自筆証書遺言書を各相続人が持ち回りで利用する必要がないため、大幅な負担軽減となるのではないでしょうか。本請求は、全国どの遺言書保管所でも交付の申請ができ、郵送でも可能です。申請時の添付書類として、法定相続情報一覧図又は、戸籍（除籍）謄本等が必要となりますので、詳細は、法務省HPを確認しましょう。

▼遺言書情報証明書の見本

出典：法務省「遺言書情報証明書及び遺言書保管事実証明書の見本について」「遺言書情報証明書」の見本より

(http://www.moj.go.jp/MINJI/minji06_00026.html)

●③遺言書内容の確認

　遺言書内容の確認の請求とは、遺言者の相続人等が、遺言書の内容を確認する手続きです。閲覧方法は、モニターによる遺言書の画像の閲覧、又は遺言書の原本の閲覧が可能となっています。本手続きも、遺言者の死亡後に請求が可能となります。モニターによる遺言書の画像の閲覧は全国どの遺言書保管所でも請求ができますが、遺言書の原本の閲覧は、保管のある保管所でのみ閲覧が可能です。

6 民法相続編の改正でこれまでとどう変わる？

民法相続法の改正って複雑で難しそうなんだけど

最低限、配偶者居住権をはじめとする6つの重要な改正点は押さえておこうね

民法相続編の改正の概要って？

　平成30年7月6日、第196回国会において、民法及び家事事件手続法の一部を改正する法律案及び法務局における遺言書の保管等に関する法律案が成立し、改正項目の大部分が、令和元年7月1日に施行されました。これにより、昭和55年の配偶者の法定相続分の引上げ、寄与分制度の新設等を含む民法相続法の改正から、約40年ぶりに、民法相続法の大改正が行われました。

　今回の民法相続法の改正項目は多岐にわたりますが、その中でも重要な改正項目は、①配偶者の居住権を保護する配偶者居住権の新設（1-7節）、②遺産分割等に関する改正（1-8節）、③遺言制度に関する改正（1-9節）、④遺留分制度に関する改正（4-1節）、⑤相続の効力等に関する改正（4-2節）、⑥相続人以外の親族に関する制度の新設（4-3節）であり、これらの点は、特に理解しておかなければならないでしょう。

改正されたポイントは？

　ここで、民法相続法の改正項目のうち、特に理解しておかなければならない①〜⑥の内容を概観しておきます。

　まず、①は、配偶者の生活保障の必要性等から、**遺産分割、遺贈、遺産分割審判**によって、被相続人の配偶者に居住建物を無償で使用及び収益することが認められました。

②は、婚姻期間が20年以上に及ぶ夫婦間で、居住用建物又はその敷地の遺贈又は贈与がされたときは、**持戻免除の意思表示**があったものと推定する規定が新設されました。また、各共同相続人は、遺産に属する預貯金債権のうち、一定額については、他の共同相続人の同意を得ることなく、単独で払戻しをすることができる旨の規定も新設されました。

　③は、**自筆証書遺言**の要件が緩和され、自筆証書に相続財産の全部又は一部の目録を添付する場合には、その目録のみについては、自筆によらない作成も認められるようになりました。

　④は、**遺留分**侵害額請求権の行使によっても、当然に物権的効果が生ずることはなく、遺留分権利者に受遺者又は受贈者等に対する金銭債権が生じるようになりました。

　⑤は、相続させる旨の遺言等により承継された財産についても、法定相続分を超える部分については、登記などの対抗要件を備えなければ第三者に対抗することができなくなりました。

　最後に、⑥は、被相続人に対して無償で療養看護その他の労務の提供をしたことにより被相続人の財産の維持又は増加について特別の寄与をした被相続人の親族は、相続の開始後、相続人に対し、特別寄与者の寄与に応じた額の金銭の支払を請求することができるようになりました。

改正のきっかけは？

　今回の民法相続法の改正の背景として、日本が高齢社会に突入し、相続開始時点で相続人の年齢が従来よりも高齢化していることに伴い、相続人を亡くした配偶者の生活保障の必要性が高まっていることが挙げられていました。また、介護を必要とする高齢者の増加に伴う、相続と看護の関係性の問題や、高齢者の再婚の増加による家族形態の多様化などが進み、法定相続分に従った財産の分配では、公平な相続を実現することが困難であるという問題も挙げられていました。このような社会情勢の目まぐるしい変化が、今回の民法相続法の改正のきっかけとなっていきました。

　また、最高裁平成25年9月4日決定・民集67巻6号1320頁（以下「平成25年決定」といいます。）も、今回の民法相続法の改正のきっかけとなりました。この事件は、平成13年7月に死亡したAの遺産につき、Aの**嫡出子**らが、Aの**非嫡出子**らに対し、遺産の分割の審判を申し立てた事件です。

原審は、民法第900条第4号ただし書の規定のうち、非嫡出子の相続分を嫡出子の相続分の2分の1とする部分は、憲法第14条第1項に違反しないと判断し、本件規定を適用して算出された相手方らの法定相続分を前提に、Aの遺産の分割をすべきものとしました。

　これに対し、平成25年決定は、

「昭和22年民法改正時から現在に至るまでの間の社会の動向、我が国における家族形態の多様化やこれに伴う国民の意識の変化、諸外国の立法のすう勢及び我が国が批准した条約の内容とこれに基づき設置された委員会からの指摘、嫡出子と嫡出でない子の区別に関わる法制等の変化、更にはこれまでの当審判例における度重なる問題の指摘等を総合的に考察すれば、家族という共同体の中における個人の尊重がより明確に認識されてきたことは明らかであるといえる。そして、法律婚という制度自体は我が国に定着しているとしても、上記のような認識の変化に伴い、上記制度の下で父母が婚姻関係になかったという、子にとっては自ら選択ないし修正する余地のない事柄を理由としてその子に不利益を及ぼすことは許されず、子を個人として尊重し、その権利を保障すべきであるという考えが確立されてきているものということができる。」

と述べた上で、

「遅くともAの相続が開始した平成13年7月当時においては、立法府の裁量権を考慮しても、嫡出子と嫡出でない子の法定相続分を区別する合理的な根拠は失われていた」

として、旧民法第900条第4号ただし書前半部分（＝法定相続分を定めた民法の規定のうち嫡出でない子の相続分を嫡出子の相続分の2分の1と定めた部分）の規定は、憲法第14条第1項の平等原則に違反するものであり、違憲であるとしました。

　この平成25年決定を受けて、平成25年12月、嫡出子と非嫡出子の相続分を平等にする民法改正が行われましたが、その審議過程において、各方面から、改正が及ぼす社会的影響に対する懸念や配偶者保護の観点からの相続法制の見直しの必要性など、多くの問題提起がなされ、これも今回の民法相続法の改正のきっかけとなっていきました。

遺産分割：相続人が複数存在する場合に、どの相続人がどれくらいの割合の遺産を受け取るのか決めることをいいます。

遺贈：亡くなった人の遺言により、他人に対し、亡くなった人の財産を（対価性なく）無償で譲り渡すことをいいます。

遺産分割審判：遺産分割に関する調停をしても当事者同士で解決できる見込みがない場合などに、家庭裁判所の裁判官が遺産分割方法を決定する手続きをいいます。

持戻免除の意思表示：亡くなった人が特別受益の持戻しを希望しない意思表示をした場合に、持戻しを考慮しないで相続財産を計算することをいいます。

自筆証書遺言：遺言を作成した者によって、遺言書の本文・氏名・日付の全てを自筆して作成する遺言書のことをいいます。

遺留分：相続人に法律上保障された一定の割合の相続財産のこといいます。

嫡出子：法律上の婚姻関係にある男女の間に生まれた子供のことをいいます。

非嫡出子：法律上の婚姻関係にない男女の間に生まれた子供のことをいいます。

1

配偶者居住権って なんですか？

配偶者の居住権を保護するための新しい制度ができたって聞いたけど、どのようなものがあるの？

遺産分割が終わった後の長期的な居住権に関する「配偶者居住権」と、遺産分割が終わるまでの間の短期的な居住権に関する「配偶者短期居住権」という2つの新しい制度が創設されたよ

配偶者居住権及び配偶者短期居住権の概要って？

　配偶者居住権とは、配偶者が、終身又は一定期間、無償で被相続人の財産に属した建物の使用及び収益をすることができる権利のことをいいます。2020年4月1日施行の民法相続法の改正で、配偶者は、遺産分割又は遺贈により、配偶者居住権を取得することができるようになりました。民法相続法の改正以前は、この配偶者居住権の制度がありませんでしたので、配偶者は、遺産分割によって居住建物を取得するか、居住建物を取得する相続人等との間で賃貸借契約等を締結しなければ、居住権を確保することが困難でした。今回の民法相続法の改正によって、上記不都合が解消され、配偶者は居住建物への居住を従前より容易に確保することが可能になりました。

　次に、**配偶者短期居住権**とは、配偶者が、相続開始時に被相続人の遺産に属する建物に居住していた場合、遺産分割が完了するまでの期間、無償でその居住建物を使用できる権利のことをいいます。

　なお、上記2つの権利は、配偶者が相続開始時に被相続人の建物に無償で居住している場合に、居住建物にそのまま無償で居住できる点は同じですが、配偶者居住権には登記制度がある一方、配偶者短期居住権にはこれがない点や、配偶者短期居住権は、配偶者居住権とは異なり、遺贈、遺産分割及び家庭裁判所の審判がなくても認められる点で相違点があります。

上記を踏まえ、以下では、配偶者居住権と配偶者短期居住権の要件及び効果について、順に検討していきます。

配偶者居住権の要件及び効果は？

　配偶者居住権の要件 (改正民法第1028条第1項各号) は、被相続人の配偶者が、被相続人の財産に属した建物 (配偶者居住権は、居住建物全体について対抗力を備えることに実効性を持たせるための規定であるため、被相続人が他人から借りていた、又は他人と共有していた建物は含まれないことに留意が必要です。) に相続開始の時に居住していた場合において、①遺産分割 (遺産分割協議による取得又は審判による取得) によって配偶者居住権を取得すること又は②配偶者居住権が遺贈の目的とされることによってこれを取得することです。

　上記要件を満たした場合、配偶者は、無償で居住建物の全部を使用収益することができます (改正民法第1028条第1項本文)。また、配偶者居住権の設定登記がなされた場合には、配偶者は、登記後に居住建物の物権を取得した者に対しても配偶者居住権を対抗することが可能となり、第三者に対して、物権的請求権を行使することができます (改正民法第1031条第2項・第605条、第605条の4)。この配偶者居住権の設定登記は、配偶者と所有者が共同で申請する必要があり、居住建物の所有者は、配偶者居住権を取得した配偶者に対して、配偶者居住権の設定登記を具備させる義務を負います (改正民法第1031条第1項)。

　もっとも、配偶者は、居住建物の使用収益について善管注意義務を負い (改正民法第1032条第1項)、配偶者居住権の譲渡は禁止されています (改正民法第1032条第2項)。居住建物の所有者の承諾を得なければ、居住建物の改築若しくは増築をし、又は第三者に居住建物の使用若しくは収益をさせることもできません (改正民法第1032条第3項)。

　また、配偶者は居住建物の使用及び収益に必要な修繕をすることができます (改正民法第1033条第1項)。そして、居住建物の修繕が必要である場合、配偶者が相当の期間内に必要な修繕をしないときは、居住建物の所有者は、自らその修繕をすることができます (改正民法第1033条第2項)。なお、配偶者は、居住建物の修繕が必要であり、自ら修繕しない場合又は居住建物について権利を主張する者があるときは、修繕を要することを所有者が知っている場合を除き、配偶者は、居住建物の所有者に対し、遅滞なくその旨を通知する義務を負います (改正民法第1033条第3項)。

1

さらに、配偶者は、居住建物の通常の必要費を負担します（改正民法第1034条）。そして、居住建物の所有者は、通常の必要費以外の必要費を償還し、有益費については、価値の増加が現存する場合に限り、支出額又は増加額を配偶者に償還する必要があります（改正民法第1034条第2項、民法第583条第2項、民法第196条）。

配偶者短期居住権の要件及び効果は？

　配偶者短期居住権の要件（改正民法第1037条第1項本文）は、被相続人の配偶者が、被相続人の財産に属した建物に相続開始の時に無償で居住していたことです。なお、配偶者が被相続人の財産に属した建物に相続開始の時に有償で居住していた場合には、賃貸借契約等を継続すれば居住建物を使用することができるため、配偶者短期居住権を発生させる必要はありません。そのため、配偶者短期居住権の要件として、無償が含まれています。なお、上記要件を満たした場合でも、配偶者が、相続開始の時において居住建物に係る配偶者居住権を取得したとき又は相続人の欠格事由（民法第891条）の規定に該当し若しくは廃除によってその相続権を失ったときは、配偶者短期居住権は発生しません（改正民法第1037条第1項本文ただし書）。

　上記要件を満たした場合、配偶者は、一定期間、居住建物を無償で使用することができます。この一定期間とは、①居住建物について配偶者を含む共同相続人間で遺産の分割をすべき場合は、遺産の分割により居住建物の帰属が確定した日又は相続開始の時から6か月を経過する日のいずれか遅い日までであり（改正民法第1037条第1項第1号）、②①以外の場合は、居住建物の所有権を相続又は遺贈により取得した者が、配偶者短期居住権の消滅の申入れをした日から6か月を経過する日まで（改正民法第1037条第1項第2号、第3項）となります。

　また、配偶者は、居住建物の使用収益について善管注意義務を負い（改正民法第1038条第1項）、配偶者短期居住権を譲渡することもできません（改正民法第1041条、同第1032条第2項）。さらに、配偶者は、居住建物取得者の承諾がなければ、第三者に使用させることもできません（改正民法第1038条第2項）。

　居住建物の修繕等及び居住建物の費用の負担については、改正民法第1041条が同第1033条及び第1034条を準用しているので、配偶者居住権と同様の内容になります。もっとも、配偶者短期居住権は、配偶者居住権と異なり、登記して第三者に対抗することはできません。

条文

民法

（占有者による費用の償還請求）

第196条 占有者が占有物を返還する場合には、その物の保存のために支出した金額その他の必要費を回復者から償還させることができる。ただし、占有者が果実を取得したときは、通常の必要費は、占有者の負担に帰する。

2 占有者が占有物の改良のために支出した金額その他の有益費については、その価格の増加が現存する場合に限り、回復者の選択に従い、その支出した金額又は増価額を償還させることができる。ただし、悪意の占有者に対しては、裁判所は、回復者の請求により、その償還について相当の期限を許与することができる。

（買戻しの実行）

第583条 売主は、第580条に規定する期間内に代金及び契約の費用を提供しなければ、買戻しをすることができない。

2 買主又は転得者が不動産について費用を支出したときは、売主は、第196条の規定に従い、その償還をしなければならない。ただし、有益費については、裁判所は、売主の請求により、その償還について相当の期限を許与することができる。

（不動産賃貸借の対抗力）

第605条 不動産の賃貸借は、これを登記したときは、その不動産について物権を取得した者その他の第三者に対抗することができる。

（不動産の賃借人による妨害の停止の請求等）

第605条の4 不動産の賃借人は、第605条の2第1項に規定する対抗要件を備えた場合において、次の各号に掲げるときは、それぞれ当該各号に定める請求をすることができる。

　　1 その不動産の占有を第三者が妨害しているとき　その第三者に対する妨害の停止の請求

　　2 その不動産を第三者が占有しているとき　その第三者に対する返還の請求

（相続人の欠格事由）

第891条 次に掲げる者は、相続人となることができない。

　　1 故意に被相続人又は相続について先順位若しくは同順位にある者を死亡するに至らせ、又は至らせようとしたために、刑に処せられた者

　　2 被相続人の殺害されたことを知って、これを告発せず、又は告訴しなかった者。ただし、その者に是非の弁別がないとき、又は殺害者が自己の配偶者若しくは直

系血族であったときは、この限りでない。

　　　3　詐欺又は強迫によって、被相続人が相続に関する遺言をし、撤回し、取り消し、又は変更することを妨げた者

　　　4　詐欺又は強迫によって、被相続人に相続に関する遺言をさせ、撤回させ、取り消させ、又は変更させた者

　　　5　相続に関する被相続人の遺言書を偽造し、変造し、破棄し、又は隠匿した者

（配偶者居住権）

第1028条　被相続人の配偶者（以下この章において単に「配偶者」という。）は、被相続人の財産に属した建物に相続開始の時に居住していた場合において、次の各号のいずれかに該当するときは、その居住していた建物（以下この節において「居住建物」という。）の全部について無償で使用及び収益をする権利（以下この章において「配偶者居住権」という。）を取得する。ただし、被相続人が相続開始の時に居住建物を配偶者以外の者と共有していた場合にあっては、この限りでない。

　　　1　遺産の分割によって配偶者居住権を取得するものとされたとき。

　　　2　配偶者居住権が遺贈の目的とされたとき。

2　居住建物が配偶者の財産に属することとなった場合であっても、他の者がその共有持分を有するときは、配偶者居住権は、消滅しない。

3　第903条第4項の規定は、配偶者居住権の遺贈について準用する。

（配偶者居住権の登記等）

第1031条　居住建物の所有者は、配偶者（配偶者居住権を取得した配偶者に限る。以下この節において同じ。）に対し、配偶者居住権の設定の登記を備えさせる義務を負う。

2　第605条の規定は配偶者居住権について、第605条の4の規定は配偶者居住権の設定の登記を備えた場合について準用する。

（配偶者による使用及び収益）

第1032条　配偶者は、従前の用法に従い、善良な管理者の注意をもって、居住建物の使用及び収益をしなければならない。ただし、従前居住の用に供していなかった部分について、これを居住の用に供することを妨げない。

2　配偶者居住権は、譲渡することができない。

3　配偶者は、居住建物の所有者の承諾を得なければ、居住建物の改築若しくは増築をし、又は第三者に居住建物の使用若しくは収益をさせることができない。

4　配偶者が第1項又は前項の規定に違反した場合において、居住建物の所有者が相当の期間を定めてその是正の催告をし、その期間内に是正がされないときは、居住建

物の所有者は、当該配偶者に対する意思表示によって配偶者居住権を消滅させることができる。

（居住建物の修繕等）
第1033条　配偶者は、居住建物の使用及び収益に必要な修繕をすることができる。
2　居住建物の修繕が必要である場合において、配偶者が相当の期間内に必要な修繕をしないときは、居住建物の所有者は、その修繕をすることができる。
3　居住建物が修繕を要するとき（第1項の規定により配偶者が自らその修繕をするときを除く。）、又は居住建物について権利を主張する者があるときは、配偶者は、居住建物の所有者に対し、遅滞なくその旨を通知しなければならない。ただし、居住建物の所有者が既にこれを知っているときは、この限りでない。

（居住建物の費用の負担）
第1034条　配偶者は、居住建物の通常の必要費を負担する。
2　第583条第2項の規定は、前項の通常の必要費以外の費用について準用する。

（配偶者短期居住権）
第1037条　配偶者は、被相続人の財産に属した建物に相続開始の時に無償で居住していた場合には、次の各号に掲げる区分に応じてそれぞれ当該各号に定める日までの間、その居住していた建物（以下この節において「居住建物」という。）の所有権を相続又は遺贈により取得した者（以下この節において「居住建物取得者」という。）に対し、居住建物について無償で使用する権利（居住建物の一部のみを無償で使用していた場合にあっては、その部分について無償で使用する権利。以下この節において「配偶者短期居住権」という。）を有する。ただし、配偶者が、相続開始の時において居住建物に係る配偶者居住権を取得したとき、又は第891条の規定に該当し若しくは廃除によってその相続権を失ったときは、この限りでない。
　　　1　居住建物について配偶者を含む共同相続人間で遺産の分割をすべき場合
遺産の分割により居住建物の帰属が確定した日又は相続開始の時から6箇月を経過する日のいずれか遅い日
　　　2　前号に掲げる場合以外の場合　第3項の申入れの日から6箇月を経過する日
2　前項本文の場合においては、居住建物取得者は、第三者に対する居住建物の譲渡その他の方法により配偶者の居住建物の使用を妨げてはならない。
3　居住建物取得者は、第1項第1号に掲げる場合を除くほか、いつでも配偶者短期居住権の消滅の申入れをすることができる。

（配偶者による使用）

第1038条　配偶者（配偶者短期居住権を有する配偶者に限る。以下この節において同じ。）は、従前の用法に従い、善良な管理者の注意をもって、居住建物の使用をしなければならない。

2　配偶者は、居住建物取得者の承諾を得なければ、第三者に居住建物の使用をさせることができない。

3　配偶者が前2項の規定に違反したときは、居住建物取得者は、当該配偶者に対する意思表示によって配偶者短期居住権を消滅させることができる。

（配偶者居住権の取得による配偶者短期居住権の消滅）
第1039条　配偶者が居住建物に係る配偶者居住権を取得したときは、配偶者短期居住権は、消滅する。

（居住建物の返還等）
第1040条　配偶者は、前条に規定する場合を除き、配偶者短期居住権が消滅したときは、居住建物の返還をしなければならない。ただし、配偶者が居住建物について共有持分を有する場合は、居住建物取得者は、配偶者短期居住権が消滅したことを理由としては、居住建物の返還を求めることができない。

2　第599条第1項及び第2項並びに第621条の規定は、前項本文の規定により配偶者が相続の開始後に附属させた物がある居住建物又は相続の開始後に生じた損傷がある居住建物の返還をする場合について準用する。

（使用貸借等の規定の準用）
第1041条　第597条第3項、第600条、第616条の2、第1032条第2項、第1033条及び第1034条の規定は、配偶者短期居住権について準用する。

8 遺産相続について

相続をめぐるトラブルはよく耳にするけど、そもそもどういう人が遺産を相続できるのかな

亡くなった人が遺書をのこしていない場合は、民法に定められた順位に従って相続できる人が決まって、遺産の分割が進められることになるよ

相続人と相続分はどのように決まるの？

　民法は、被相続人の子、直系尊属（前の世代に属する血族）、兄弟姉妹及び配偶者を、法定相続人としています。胎児についても、相続についてはすでに生まれたものとみなされるため、法定相続人となります。

　相続人の範囲に含まれるこれらの人の中でも、相続人になる順位が決まっており、例えば、直系尊属や兄弟姉妹は、子がいる場合には、遺産を相続できません。相続人になる順位は以下のとおりです。

　まず、配偶者が生きている場合、配偶者は常に相続人になります。なお、相続人になるのは婚姻関係にある配偶者です。事実婚状態のパートナーは、相続人とはなりません。

　次に、子、直系尊属、兄弟姉妹の間の相続順位ですが、もっとも相続順位が高いのが子です。被相続人に配偶者と子がいる場合は、両名が相続人となり、配偶者がおらず子がいる場合には、子のみが相続人となります。いずれの場合においても、仮に被相続人に直系尊属や兄弟姉妹がいても、相続人とはなりません。

　また、相続の時点で子が亡くなっている場合でも、その子、つまり被相続人の孫がいる場合、孫が相続人となります。このように、卑属（後の世代に属する血族）が代わりに相続することを**代襲相続**と呼び、孫が亡くなっている場合はひ孫が、ひ孫が亡くなっている場合は玄孫（やしゃご）が相続することになります。

　さらに、子等の直系卑属がいない場合は、直系尊属が相続人となります。被相続人

に配偶者と親がいて、子がいない場合には、配偶者と親が相続人になります。そして、被相続人に配偶者と子がおらず、親のみがいる場合には、親のみが相続人になります。また、被相続人の親が既に亡くなっている場合でも、その親、つまり被相続人の祖父母がいる場合には、この祖父母が相続人となります。祖父母が亡くなっている場合でも、さらに上の世代が生きていれば、上の世代に順に相続権が移ることになります。

　最後に、被相続人に子も直系尊属もいない場合は、兄弟姉妹が相続人となります。被相続人に配偶者と兄弟姉妹がいる場合は両名が相続人となります。配偶者、子、直系尊属がおらず、兄弟姉妹のみいる場合は、兄弟姉妹のみが相続人となります。また、兄弟姉妹についても代襲相続の規定が適用され、兄弟姉妹が既に亡くなっている場合でも、その子、つまり甥や姪がいれば、甥や姪が相続人になります。ただし、兄弟姉妹では、代襲相続は一世代限りしか適用されません。つまり、甥や姪の子は相続人とはなりません。

相続放棄、相続欠格、相続人廃除って？

　相続放棄をした者並びに**相続欠格**及び**相続人廃除**の対象者は、相続人とはならない点には留意が必要です。相続欠格とは、法律上相続人としての資格を欠くことで、遺言書を偽造した者等がこれに当たります。また、相続人廃除とは、被相続人が一定の手続によって、その相続人の相続権を失わせることです。被相続人が虐待を受けていた場合等は、相続人廃除が認められることになります。

　相続分は、相続人の組み合わせによって、以下の割合となります。同順位の相続人が複数人いる場合（子が複数人いる場合等）は、以下の割合をその人数で割ることになります。

▼相続人と相続分

相続人	相続分
配偶者のみ	財産の全て
配偶者と子	配偶者：2分の1、子：2分の1
子のみ	財産の全て
配偶者と直系尊属	配偶者：3分の2、直系尊属：3分の1
直系尊属のみ	財産の全て
配偶者と兄弟姉妹	配偶者：4分の3、兄弟姉妹：4分の1
兄弟姉妹のみ	財産の全て

1

なお、相続人間で合意して上記とは異なる割合とすることは、当然に可能です。

遺産分割の手続きはどのように進むの？

　そもそも遺産分割とは、被相続人の遺言がない場合に、相続人が相続財産を分けて承継することをいいます。相続人と相続分は上記のとおり決まりますが、相続人間で話し合いがまとまらない場合、最終的には、家庭裁判所の審判において、裁判所が妥当な分割方法を決定することになります。

　通常、遺産分割に当たって、まず、相続人間で誰がどの相続財産をどのような割合で取得するかについて協議を行います。これを**遺産分割協議**といいます。

　遺産分割協議において、誰がどの財産を相続するか、どのような割合で相続するかといった点につき、相続人全員の同意があれば、その内容を自由に決めることができます。合意ができれば、遺産分割協議で決められた結果について、遺産分割協議書を作成し、遺産分割を実現することになります。

　遺産分割協議がまとまらない場合、通常は調停手続きに進みます。調停は、家庭裁判所の調停委員会に間に入ってもらい、当事者間での合意の形成を目指す手続きです。調停も不調に終わった場合は、家庭裁判所による審判を求めることになります。遺産分割審判に不服がある場合は、高等裁判所に不服を申し立てることができます。このように、遺産分割の確定までに段階的な手続きが設けられており、確定するまでに何年もかかることは少なくありません。

9 遺言について

遺言って書いておいた方がいいんだろうけど、何をどう書けば
いいかよくわからないな。いつ死ぬかわからないし、気持ちが
変わるかもしれないし、書くタイミングが悩ましいね

遺言は複数の方式と種類があるけど、公証人が書いてくれる公
正証書遺言が最も安全・確実で、後日の紛争防止のためにも一
番望ましいよ。撤回も可能だから、早めに今の段階の意思で書
いておくのもアリかもしれないね

遺言って何を定めるの？

「遺言」は、日常的には「ゆいごん」と読まれますが、法律上は「いごん」と読みます。
法律上、遺言とは、被相続人の最終の意思表示のことをいいます。

もっとも、死の間際にした意思表示である必要はありません。

遺言は，被相続人となる遺言者が，遺産の承継等について，自分の意思を反映させ
るために取り得る唯一といってよい方法です。

遺言を用いることで、自分が築いた財産の帰趨を、ある程度、自分の意思に沿った
形で相続人に配分することが可能となります。

遺言として法的効力がある事項は限られています。この限定されている事項を「遺
言事項」といい、「遺言事項」には大きく分けて、**相続に関すること、財産の処分に関
すること、身分に関すること**の3種類があります。

相続に関することの例としては、「法定相続分と異なる割合で相続分を指定する」
こと、「相続人の廃除や、廃除の取消しをする」ことなどがあります。

財産の処分に関することは、遺言で定める中核的な内容です。「財産の遺贈」など
について定めることになります。

身分に関することは、例えば、「子どもを認知する」ことなどがあります。

遺言には、大きく分けて2つの方式があります。**普通方式遺言**と、**特別方式遺言**です。

特別方式遺言には、**危急時遺言**（一般危急時遺言・難船危急時遺言）と**隔絶地遺言**（一般隔絶地遺言・船舶隔絶地遺言）があり、いずれも普通方式遺言ができない特殊な状況下においてのみ認められる略式方式の遺言です。

一般的に行われているのは、普通方式の遺言です。そして、普通方式遺言には、**自筆証書遺言、公正証書遺言、秘密証書遺言**の3種類があります。

自筆証書遺言は、遺言者が遺言の全文・日付・氏名を自書し、押印して作成する遺言です。必要なものは筆記具と紙のみで、いつでも作成可能なので、他の方式と比べると費用も掛からず手続きも一番簡易です。また、作成が自分1人で可能なので、遺言内容を他人に秘密にしておけるという長所もあります。しかし、反面、家庭裁判所の検認手続が必要であり、また、法的要件不備のために無効となる危険性があります。更に、紛失・偽造等の心配や、そもそも発見されないことがあり得るという問題もあります（この不都合があったことから、2020年7月10日から自筆証書遺言書保管制度が開始されました。1-5節参照）。

公正証書遺言は、公証人に作成してもらい、かつ、原本を公証役場で保管してもらう方式の遺言となります。作成・保管共に専門家である公証人がやってくれるので、効力を争われる危険性が低く、法的に最も安全・確実で、後日の紛争防止のためにも一番望ましいと考えられています。公証役場にて、証人2人以上の立会いのもと、公証人に作成してもらうもので、原本が公証役場に保管され、自筆証書遺言より安全・確実な方法といえます。遺言者が自筆する必要がないので、障害を有する人の利用は多いと言えます。また、自筆証書遺言で必要だった家庭裁判所の検認手続は不要です。ただし、その分、費用がかかること、証人の立会いが必要なことから遺言内容を自分だけの秘密にすることができないという短所もあります。

秘密証書遺言は、遺言者が記載し、自署・押印した上で封印し、公証人役場に持ち込み公証人および証人の立会いの下で保管を依頼します。公正証書遺言と違い、作成は遺言者が自ら行う点が特徴です。遺言内容を知られずに済む、偽造・隠匿の防止になる、遺言書の存在を遺族に明らかにでき、発見されないリスクがなくなるといった長所があります。逆に、自筆証書遺言と同様、遺言内容について専門家のチェックを受けるわけではないので不備があれば無効となる危険性があるほか、自筆証書遺言と異なり、費用も発生します。

1

遺言は変更したり撤回したりできるの？

　遺言は撤回できます。遺言作成者は、新たに遺言を作成し、その遺言で前に作成した遺言の全部または一部を撤回する旨を内容にすることで、遺言の全部又は一部を撤回することができます。

　自筆証書遺言の場合、遺言を破棄してしまえば遺言自体が無くなりますので撤回したことになります。自筆証書遺言書保管制度を使用していた場合、保管を撤回した上で破棄することになります。

　公正証書遺言の場合、原本が公証役場に保管されることになるので、遺言者本人が遺言を破棄しても撤回できたことになりません。また公証役場では本人だとしても原本を破棄してもらえません。よって、撤回する場合は、新たに遺言書を作成する必要があります。

　なお、公正証書遺言を自筆証書遺言、秘密証書遺言でも撤回することができます。逆に、自筆証書遺言や秘密証書遺言を公正証書遺言で撤回することも可能です。公正証書遺言だから公正証書遺言でしか撤回ができないということはないです。遺言の種類について、公正証書遺言、秘密証書遺言、自筆証書遺言の順に手続きが厳格なので、この順で遺言に優劣があるようにイメージしがちですが、遺言は作成方法によって優劣はありません。遺言は、最も新しいものが優先されます。ただし、公正証書遺言を自筆証書遺言で撤回する場合には、自筆証書遺言の作成上の不備で遺言が無効になるリスクがあります。その場合、新しい遺言が無効になると当然に撤回も無効になり、自筆証書遺言の前に作成された公正証書遺言が有効となりますので、公正証書遺言で撤回することが望ましいです。

　遺言は、内容を変更することもできます。作成した遺言を変更する場合は、新たに遺言を書きなおすか、作成した遺言自体を変更する方法があります。変更する部分がとても軽微で、かつ、自筆証書遺言の場合に限り、直接その遺言の文章を変更できます。遺言の変更したい部分を示し、変更した旨、変更内容を書き、署名し、かつその変更の場所に印を押すことになります。注意すべきなのが、この変更方法に不備があると変更が無効となってしまう点です。変更が無効の場合、変更はないものとして扱われるので、遺言は変更前の内容となります。変更は丁寧に、元の内容が判別できるように行う必要があります。元の内容が判別できない変更を行ってしまった場合、その部分の記載は無かったものとして扱われます。

　変更内容が多い場合や、公正証書遺言を変更する場合は、遺言を新たに書き直す必要があります。遺言が複数ある場合、内容が抵触する部分は新しい遺言が優先さ

れるため、新しい遺言を書けば前の遺言を変更できることになります。自筆証書遺言、公正証書遺言、秘密証書遺言のすべてにおいて、法が法定記載事項として日付を要求しているのは、日付によって一番新しい遺言を特定することを企図しています。

1

第2章 生前の相続対策（民事信託）

民事信託（家族信託）とは？

投資信託なら運用しているけどな

まずは信託の仕組みの知ることからだね

民事信託の沿革

　昨今、**民事信託**の活用が増加しつつありますが、これは、平成18年に信託法が改正され、一般の方でも信託制度を採り入れることが可能となったためです。商事信託については、後述の「民事信託と商事信託」で触れます。民事信託は、特に、相続実務における財産管理や資産承継に活用されるため、民法や相続税法と密接な関係にあり、それぞれとの法律の解釈で不確実な点もあり、また裁判例も少ないため、専門家の間で実務運用が徐々に進められてきた背景があります。高齢化に伴うニーズの増加により、2016年ころからようやくメディアでも注目されるようになり、一般的にも認知されるようになったのではないでしょうか。

民事信託（家族信託）の仕組み

　民事信託とは、**委託者**（財産の所有者）が自分の財産を**受託者**（信託財産を管理・処分する人）に託し、受託者がその財産の管理処分を**受益者**（信託財産から生ずる利益を受ける人）のために行う法律関係のことをいいます。親（委託者）が子（受託者）に、自宅や賃貸アパートの管理、預金など、特定の財産の管理処分権を託し、子が託された財産の管理を親（受益者）の為に行う形は、一般的によく活用されるケースで、このような家庭内での信託を家族信託と言っています。親子で信託することで、たとえ親が重度の認知症になり判断能力がなくなっても、子の判断で財産を管理処分することができるようになります（認知症の問題点については1-2節参照）。例えば、

介護施設への入居資金を捻出するために空き家を売却することも、賃貸アパートの修繕や建て替えも、**成年後見制度**（2-2節参照）を活用せず、子の判断でスムーズに進めることが可能です。このように民事信託を活用すれば、親が認知症になり判断能力が低下しても、財産凍結といった問題を回避し、子が信託契約の内容に沿って管理・処分することが可能となるので、相続対策おいて、財産管理や資産承継の一躍を担う制度となっています。

▼民事信託の仕組み

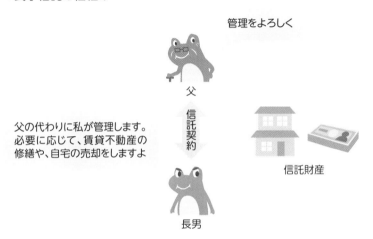

民事信託と商事信託

　もともと信託は、信託業法に基づき金融庁から免許を受けた信託銀行や信託会社でなければ活用できない制度でした。運用会社が委託者から現金などの財産を預かり、資産運用を行うことで得られた利益を還元するというものです。これが、商事信託といわれるもので、収益や報酬を目的とした営業としての信託財産を引受ける形態です。一方で、民事信託とは、受託者が不特定多数の委託者から財産を預かるという営業としての信託ではなく、自分の親族など特定少数の委託者から信託の引受を行うにとどまるケースを指します。そのため、商事信託ではなく、民事信託となる場合には、金融庁の許可や、信託財産の制約がありません。信託可能な財産は、金銭に限らず、自宅不動産や自社株式など、自由な設計が可能です。なお、民事信託の場合でも、受託者への適切な額の信託報酬を設定することは可能です。

▼商事信託と民事信託の比較

	商事信託	民事信託
定義	金融庁の許可を受けた信託銀行や信託会社	金融庁の許可不要
信託報酬	発生する	信託報酬ゼロでも可能
メリット	・受託者の不正等の心配がない ・長期的に安定した管理が可能	・ランニングコストを抑えることができる ・不動産や自社株式でもOK
デメリット	・託せる財産が限られる ・イニシャルコスト、ランニングコストがかさむ ・途中で解約、変更できない可能性がある	・信頼できる受託者のなり手を確保できないと不可となる ・受託者に負担がかかる ・受託者が万が一不正等をした場合に早期にわからない可能性がある

2 成年後見制度って？

最近父さん、物忘れ多くないか？　それに受け答えも曖昧なときが増えたよ

80歳にもなれば仕方ないけどね、悪質な営業も恐いから後見制度を考えてみようか

成年後見制度とは？

　成年後見制度とは、認知症、知的障害、精神障害などによって物事を判断する能力が十分でない方について、後見人といわれる代理人が、本人を法律的に支援していく制度のことをいいます。社会生活を送ることが困難であるとか、物忘れの症状が進み、家族の判別もつかなくなってしまったなどの状況下では、本制度の活用を検討していくことになります。後見人の職務は本人の財産管理や契約などの法律行為に関するものに限られており、食事の世話や実際の介護など事実行為は、後見人の職務ではありませんので、あくまで法律的な支援者ということになります。

　成年後見制度には、**法定後見制度**と**任意後見制度**（任意後見制度は後述）の2種類があり、法定後見には後見、保佐、補助の3つの種類があります。いずれも、本人の財産管理など法律的なサポートを目的としており、判断能力の程度によって後見開始の申し立てを行うことになります。

　後見は、本人（自ら）やその配偶者、四親等以内の親族等が、後見人選任の申し立てを家庭裁判所へ行うことで開始します。後見人が、家庭裁判所の監督の下で本人の財産を管理していきますので、選任された後見人は、速やかに財産目録を作成し、以後、随時家庭裁判所へ状況の報告を行う等して、財産管理事務を遂行します。

　また、後見人は、本人を代理して、本人の所有不動産を売却したり、施設入所のための契約を行うことができます。なお、本人が自分の財産を自由に処分できるとなると、例えば、判断能力が不十分な状態では、悪質なセールスなどから自分の財産を守

ることが期待できないため、本人が交わしてしまった契約は、原則として一方的に取消すことが可能です。

▼成年後見制度

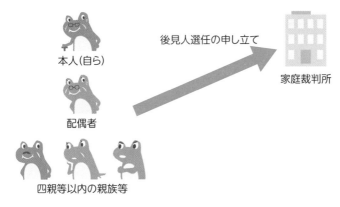

本人(自ら)

配偶者

四親等以内の親族等

後見人選任の申し立て

家庭裁判所

法定後見制度と任意後見制度の違い

　任意後見制度とは、本人が元気なうちに、あらかじめ自分の判断能力が低下したときに備えて代理人（任意後見人）となる者と公正証書で任意後見契約を締結しておき、自分の生活や療養看護、財産管理に関する事務についての代理権を付与しておく制度です。

　任意後見は、本人の判断能力が低下したときに、一般的には任意後見受任者が家庭裁判所へ任意後見監督人の選任を申し立てることにより開始します。以後、任意後見人は、任意後見監督人の監督の下で、任意後見契約で決めた事務について適切な保護・支援を行います。

　任意後見制度では、本人に自己決定権を尊重する観点から、法定後見制度に優先して適応されることになっています。したがって、本人が元気な状態のときに、あらかじめ自分が任意に選んだ代理人に代理権を付与し、選任しておくことができます。法定後見制度では、後見人となるべき者の決定は、本人の財産状況や親族の状況を勘案して、最終的には家庭裁判所の判断で行うため、子や孫などの親族が成年後見人とする申し立てをしても、その通りに選任されるとは限りません。実際のところ、７割ほどは司法書士や弁護士など、親族以外の職業後見人が就いている実態があります。一方で任意後見制契約は、あくまで契約ですので、本人の判断能力が低下する前にしておかなくてはなりませんし、代理人の権限は、あらかじめ任意に付与した代

理権の範囲に留まりますので、成年後見制度のような、本人を包括的に代理する権限がありません。そのため、本人の認知症等の症状が強く、広く法律的な保護・支援が必要であれば、成年後見制度の活用を検討すべきでしょう。

▼法定後見と任意後見の比較

	法定後見	任意後見
権限	①財産管理 ②法律行為の代理・取り消し ③身上監護	①財産管理 ②任意後見契約で定めた代理権の範囲 ③身上監護
選任	・家庭裁判所の裁量で法定後見人選任 ・家庭裁判所の裁量で後見監督人選任	・任意後見人は契約で任意に選任 ・家庭裁判所の裁量で任意後見監督人選任
取消権	本人がした契約を法定後見人は契約を取消せる（日用品の購入等を除く）	任意後見人は契約を取消せない
報酬	・法定後見人の報酬 （2万～5万が毎月発生） ・後見監督人の報酬 （選任された場合1万～3万が毎月発生）	・任意後見人へは無報酬も可能 ・任意後見監督人への報酬 （1万～3万が毎月発生）
監督機関	家庭裁判所又は後見監督人	任意後見監督人

後見制度のデメリット

①資産の凍結

　後見制度は、後見人が本人の為に、本人の財産管理をしたり、契約を行う制度であるため、その事務は、家庭裁判所の監督下で著しく制限されます。相続税対策で不動産の買換えをしたい場合や、アパート建築を行うというのは、専ら相続人の為に行うことであり、制度の趣旨に反していますので行うことはできません。現金を不動産投資に活用するなどといった投機的な運用も、本人の財産を目減りさせるリスクのあるような行為も後々問題となる可能性があり、事実上困難です。任意後見の場合でも、代理権目録に記載された範囲で無制限に事務遂行が行えるわけではなく、制度趣旨からしても、やはり同程度の制約があると考えるべきです。このように、最小限必要な範囲での財産管理が可能なため、後見制度を活用すると、事実上財産凍結状態となります。本人が本来望んでいたことや、そのご家族が望んでいたことを、後見制度では実現できない可能性があるため、認知症対策として、後見制度の活用が

問題となることも少なくありません。

●②職業後見人

　また、成年後見人が専門家などの職業後見人の場合、全く知らない第三者が本人の財産を管理することになるため、抵抗を覚えることも少なくありません。毎月報酬も発生しますが、職業後見人の報酬の相場は、財産額に応じ、2万円～5万円とされています。成年後見制度は、基本的には本人が亡くなるまで継続し、途中で自由に中止することができませんので、ある程度資金がなければ大きな負担となります。任意後見契約の場合、任意後見人への報酬は、契約で定めなければ無報酬とすることも可能ですが、任意後見監督人への報酬は家庭裁判所が定めることとなっており、毎月1万円～3万円の報酬が相場となっています。

3 信託を活用する メリットって？

信託を活用していろいろできるみたいだけど、そろそろ相続の対策でも考えようかな

早いに越したことはないね

信託は多機能

　信託は、設計方法によって様々なシーンで活用することができますが、特に生前対策を検討する上で、財産管理や資産承継機能に有効活用することが大きなポイントとなっています。

●①認知症対策としての活用

　前述のとおり、成年後見制度では、財産管理に制約があるため、不動産や現金など信託財産とすることで、委託者の他の財産とは隔離され、受託者の判断で財産管理・処分が可能となり資産の凍結を回避できます。

●②遺産分割としての活用

　民事信託では、生前の財産管理にとどまらず、本人が死亡した後の財産の承継先を指定することができます。遺言というのは、いつでも何度でも撤回が可能なため、相続が発生する最後の最後まで不安定な状態が続きます。このため、特に自筆証書遺言では、紛失や書き換え、破棄などのリスクがあり、最悪、本人の意思が反映されないこともあり得ます。しかし、信託の場合、内容の変更や解約の制限、または撤回不可といった定めを加えることで、生前から遺産分割の内容を確定させることができます。

●③不動産共有状態の問題を回避するための活用

　相続によって不動産を共有すると、共有者同士の意見の不一致等により、売却などの処分や管理が困難になることが多々起こります。この問題を回避するために、信託の機能が活用できます。信託は、経済的利益の給付を受ける受益権と、管理処分権限を分離させることができるため、受益権は相続人で準共有し、相続人のうち1人だけに管理処分権限を持たせることで、財産管理の効率化や機動性の向上が期待できます。例えば、賃貸マンションから発生する賃料収入に関しては、他の相続人と平等に分けつつ、管理処分権限は、相続人の内1人にのみに与えることで、物件の管理が行い易くなります。

遺言の限界と受益者連続型信託

　信託では、通常の遺言では実現できない、二次相続以降への財産承継機能を持たせることができます。先祖代々引き継いできた家など、最後の想いとして、まずは、認知症である配偶者へ相続させ、そのあとは長男Aへ、さらに長男A亡き後は、次男Bの孫へ相続させたいといった、自分が亡き後の財産の承継先を決めておきたいというケースもあるでしょう。このような場合、これまでは、遺言書を活用するしか方法はありませんが、遺言は、本人の財産の承継先を決めるものですから、後継者の財産にまで効力を及ばせることはできません。二次相続、三次相続以降の財産の承継先を決めるには、後継者である妻や子にも遺言書の作成をしてもらう必要があります。ただし、遺言はいつでも撤回できるため、後継者の気が変わってしまえば、想定どおりに進まないこともあり得ますし、不確実です。そのような場合に、信託が活用できます。信託は、所有権という権利を管理・処分権と財産権の2つに切り離し、財産権の部分を信託受益権化することで、不動産の収益などの実質的に経済的価値のある受益権を自由に流通させることができるようになります。管理・処分権限は、信託財産を売却したり、信託財産から生じる収益を管理する役割です。受益権は、信託財産から生ずる利益を受ける権利ですが、受益権当初委託者が死亡した場合でも信託を終了させず、受益権を、あらかじめ定めておいた第2受益者へ、第2受益者の死亡後は第3受益者へと次々に承継させていくように定めておくことで、遺言では実現できなかった財産承継が可能になります。これを、**受益者連続型信託**といいます。

受益者連続型信託の期間制限

このようにして、次々と受益権の承継先を決めておくことはできますが、長期間、利害関係人を拘束することを防止するため、期間制限が設けられています。

信託設定後30年経過した後は、受益者の交代は1回限りとし、30年経過後に新たに受益者となった者が死亡するときまで、信託は存続します。例えば、当初受益者である父A亡き後は、受益者を長男Cとし、長男C亡き後は、孫Fと信託契約で定めていても、信託契約後、父Aが31年経過してから他界した場合、受益者となるのは、長男Cまでとなります。長男C亡き後は、受益権は孫Fへ承継されず終了します。

▼後継遺贈型信託

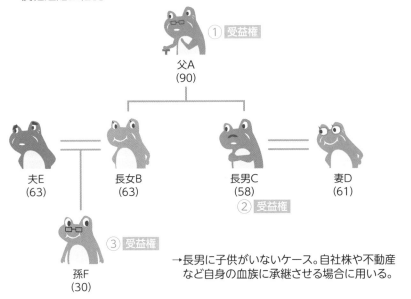

→長男に子供がいないケース。自社株や不動産
  など自身の血族に承継させる場合に用いる。

4 信託のデメリットは？

良いとこもあれば悪いとこもあるよな

いくつか考えられる信託のデメリットを見ていこう

法務・税務で不確定要素がある

　実務的に比較的新しい制度であるため、法務、税務について判例が少なく、確立した法解釈がないため、想定外の解釈となる可能性は否めません。また、税務の取扱いが変更となる可能性もあるため、柔軟に対応できるような設計しておく必要があるでしょう。

導入コストが発生する

　信託の費用は、一般的に専門家コストと、不動産を信託財産に組み入れた場合の流通税があります。

　専門家コストには、

　・信託の提案・コンサルティング費用
　・信託契約書の作成費用
　・不動産登記手続報酬

があり、信託契約を公正証書で作成する場合は、公証役場への費用が発生します。

　不動産を信託した場合の流通税には、

・不動産名義変更手続きの登録免許税

・信託契約書への収入印紙

があります。

金融機関等の整備が整っていない

　信託□□座とは、信託契約に基づき、受託者が委託者から信託された金銭を管理するための専用の□座です。この信託□□座は、金融機関へ開設の相談することで作成します。委託者から受託者へ財産を移し、受託者名義で信託財産を管理処分することが実現できなければ、信託の目的を達成することが難しくなりますので、信託□□座が開設できるかは重要です。

　現時点で、金融機関によっては、信託□□座に対応していないケースもありますので、信託契約を進める段階から金融機関との打ち合わせを行い、信託についての説明を行うことが重要です。

　それでも、信託□□座の作成ができない場合の実務運用は、受託者個人の□座を新たに作成し、これを信託契約書に信託専用□座として記載します。

2

信託はどうやって始まるの？

 どうやって信託始めればいいんだろう？

 まずは、信託の３つのパターンを知ることからだね

信託のはじまり

信託の開始事由には主に、①**信託契約**、②**遺言信託**、③**自己信託**の３つがあります。

●①信託契約

受託者は**受益者**（信託財産から生ずる利益を受ける人）の為に信託財産の管理・処分を行います。**信託契約**は、意思の合致があれば口頭でも有効に成立しますが、通常は公正証書等の書面により作成します。

信託は長期に渡る財産管理の仕組みであるため、私文書では、書換えや紛失等のリスクがあります。権利内容の確実性という観点から、公正証書で作成するのが無難でしょう。

●②遺言信託

遺言の中で信託の仕組みを取り入れたものを**遺言信託**といいます。遺言信託では、誰にどの財産を承継させるかという従来の遺言機能に加え、承継させた財産を誰がどのように管理・処分するかという仕組みまでを設定することが可能です。

生前の信託契約では、信託する財産を特定する必要がありますが、遺言信託では、包括的な財産の管理処分権を受託者に託することがメリットといえるでしょう。

一方で、遺言という性質上、いつでも内容の変更や撤回が可能ですし、本人の死亡により効力が発生するため、生前の財産管理としての機能がないため活用頻度は高くありません。

●③自己信託

自己信託とは、委託者自身が受託者として、受益者の為に自己の財産を信託財産として管理・処分する形態の信託です。適当な受託者がいないため、一旦自己信託でスタートするケースや、自己の財産を信託財産として分別しておきたいときなどに活用します。

信託契約や遺言信託では、自己以外の者を受託者としているのに対し、自己信託では、自己に財産を託す形態ですので、自分１人で可能です。そのため、要件を厳格化しており、自己信託を開始するには、基本的には信託契約書を公正証書で作成しなければなりません。

信託できる財産とできない財産

信託財産として託す財産には制限はありません。ですから、財産価値のあるものであれば信託可能です。例えば、「現金」「未上場株式」「動産」「不動産」「有価証券（上場株式、投資信託、国債など）」です。

しかし、実務で実際に活用されているのは、「現金」「不動産」「自社株式（未上場株式）」がほとんどです。

一方で、負債単体や本人と切り離すことのできない、生命や身体、名誉など、金銭的価値に置き換えることができないものは信託できません。例えば、生活保護や年金受給権などがこれにあたります。

信託財産の管理、処分、滅失、損傷その他の事由により受託者が得た財産についても、信託財産となります。例えば、信託財産中の不動産を売却した場合、売却して得た金銭は信託財産となります。

現金や不動産を信託した場合の取り扱いは？（信託が開始したら何をするのか）

信託契約により、委託者の財産を信託財産に組み入れた場合、組み入れた信託財産の所有権は委託者から受託者へ移転します。受託者は、分別管理義務の一環として、信託財産を自己の財産を分別して管理する必要があります。

●①不動産

不動産を信託すると、委託者から受託者へ所有権が移転しますので、対象不動産の所有権移転登記をする必要があります。この登記をすることで、登記簿上は受託者が所有権者という形で登記され、形式的な所有者として扱われます。通常の所有

権移転ではなく、信託による所有権移転となり、信託目録も同時に登記されますので、信託不動産かどうかは登記事項証明書を取得することで確認できます。

▼信託された不動産の登記事項の例

信託された不動産の登記事項【例】

権利部（甲区）（所有権に関する事項）

順位番号	登記の目的	受付年月日・受付番号	権利者その他の事項
1	所有権移転	令和1年5月1日 第●号	原因 令和1年5月1日売買 所有者 東京都●● 法務太郎
2	所有権移転	令和2年10月1日 第●号	原因 令和2年10月1日信託 受託者 東京都●● 法務次郎
	信託	余白	信託目録第●号

信託目録　　　調整

番号	受付年月日・受付番号	予備
第●号	令和2年10月1日 第●号	余白

1.委託者に関する事項	東京都●● 法務太郎
2.受託者に関する事項	東京都●● 法務次郎
3.受益者に関する事項	受益者 東京都●● 法務太郎
4.信託事項	信託の目的 本信託財産の管理、運用及び処分すること。 信託財産の管理方法 1.受託者は、信託不動産について、信託による所有権移転又は所有権保存の登記及び信託の登記申請手続きを行うこととする。 2.受託者は、信託不動産を第三者に賃貸することができる。 3.受託者は、裁量により、信託不動産を換価処分することができる。 4.受託者は、信託の目的に照らして相当と認める時は、信託不動産となる建物を建設することができる。 信託の終了の事由 本信託は、次のいずれかに該当した場合に終了する。 1.委託者が死亡したとき 2.受益者が死亡したとき 3.委託者が成年後見人又は被保佐人となったとき 4.受託者において信託事務を遂行できないやむを得ない事由が生じたとき 5.受託者が本信託の目的に鑑み、本信託を終了させることが適切であると判断したとき その他信託条項 1.受益権は、譲渡又は質入れをすること並びに分割することはできないものとする。 2.本信託財産には、信託契約後、委託者と受託者の合意に基づき受益者が追加した財産を含むものとする。 3.本信託の変更は、受益者と受託者の合意がある場合に限りこれを行うことができる。 4.本信託の残余財産は、受益者に帰属させ、受益者が死亡しているときは、受益者の相続人に帰属させる。

●②現金

　現金を信託した場合、受託者専用の口座で現金を管理するのが通常です。これを**信託口口座**といいます。受託者が破産してしまった場合に信託財中の預金が**破産財団**に加えられてしまったり、受託者が死亡した場合に口座が凍結されるといったことがないように、金融機関と打ち合わせし、口座開設をします。

　金融機関によっては、信託口口座に対応していないケースもありますので、信託契約を進める段階から金融機関との打ち合わせを行い、信託についての説明を行うことが重要です。

●③上場株式

　上場株式や投資信託も証券会社が信託口口座に対応しているケースが少ないため、受託者が管理できない場合があります。その場合はやむを得ず、株式を現金化したり、代理人届を提出することによって、受託者ではなく、代理人として手続きをとれるような対応をするケースが多々あります。

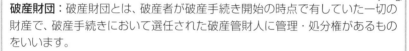

用語の解説

破産財団：破産財団とは、破産者が破産手続き開始の時点で有していた一切の財産で、破産手続きにおいて選任された破産管財人に管理・処分権があるものをいいます。

6 信託の登場人物は？

委託者とか受益者とか信託ってちんぷんかんぷんだ

信託らしいね

信託の主な当事者

信託の主な登場人物には**委託者**、**受託者**、**受益者**があります。委託者と受益者が同一人の信託を自益信託、委託者と受託者が同一人の信託を他益信託といいます。

①委託者

委託者とは、自己の財産を契約、遺言、宣言により信託する者のことを言います。

②受託者

受託者とは、委託者から託された信託財産を信託行為の定めに従って管理・処分する義務のある者のことを言います。未成年者、成年被後見人、被保佐人は、受託者となることができません。

③受益者

受益者とは、信託財産から生ずる経済的な利益を受ける者のことを言います。未成年者や認知症により意思表示が難しい場合等でも、問題なく受益者となることができます。

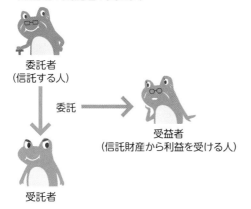

▼委託者、受託者、受益人

委託者
(信託する人)

委託 →

受益者
(信託財産から利益を受ける人)

受託者

任意で設定できる登場人物

信託では、主な登場人物の他、信託行為で定めることにより、任意で選任できる登場人物がいます。

①信託監督人

信託監督人とは、受益者の代わりに受託者を監視・監督する者のことを言います。信託監督人は、受益者が未成年者、認知症等の場合で、受託者の監視・監督が困難な場合等に選任を検討します。

②受益者代理人

受益者代理人とは、受益者に代わり、受益権を行使する者のことを言います。受益者代理人が選任されると、受託者を監督する権利及び信託行為に別段の定めがある場合を除き、受益者自身がその権利を行使することができなくなります。受益者代理人は、受益者が複数の場合に、迅速な意思決定を行うことを想定して選任されることが多いようです。

③信託管理人

受益者が現に存しない場合に、受益者の代わりに受益権を行使する者を言います。信託管理人は、胎児などを受益者とした場合に選任することができます。

④同意者・指図権者

　受託者の信託財産の管理・処分等に際し、同意・指図行うことができる者を言います。

⑤受益者指定権者・受益者変更権者

　信託開始後、受益者を指定又は追加、変更できる権利を持つ者を言います。受益者の素行が悪くなった場合など、事後的に受益権者を変更することができます。

　委託者兼受益者を祖父、父を受託者（第2受益者）、第3受益者を孫A又は孫Bとし、より介護してくれた方を受益者として財産を受け取ってほしいという思いがあるとします。

　どちらか決めかねているときに、祖父亡き後、父を受益者指定権者としておくことで、最終的な受給者を父に決定してもらうことが可能になります。また、当初第三受益者を孫Aとしておき、後で状況に応じて受益者を孫Bに変更することも可能です。

▼受益者指定権者の例

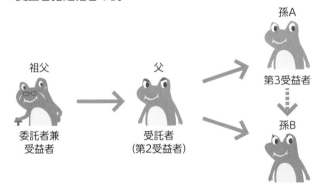

受託者の権限と義務

　信託法には、受託者の権限と各種義務が定められています。

●受託者の権限

　受託者は、信託の目的を達成するために、信託財産の管理・処分等の必要な行為をする権限を有します。なお、信託行為で受託者の権限の範囲に制限を加えることもできます。信託の目的を達成するために必要な管理・処分等の行為がどの程度ま

で含まれるかは、信託の目的や信託財産の性質に応じて、信託行為で定めておくといいでしょう。

●受託者の義務

①善管注意義務

受託者は、善良な管理者の注意義務をもって信託事務を行う必要があります。

②忠実義務

受託者は、受益者のために忠実に信託事務の処理をする必要があります。これは、受託者本人や委託者ではなく、受益者のために信託事務を遂行することを規定していますので、受益者と利益が相反する行為や競合行為は原則禁止となります。例えば、信託財産を受託者自身の固有財産とする場合です。

③分別管理義務

受託者は、信託財産に属する財産と、受託者固有の財産等を明確に分別して管理しなければなりません。

④公平義務

受益者が2人以上いる場合において、受託者は、受益者のために公平にその職務を遂行しなければなりません。

⑤帳簿等の作成等、報告、保存義務

受託者は、信託期間中、信託財産に係る帳簿等の書類を作成する義務があります。また、1年に一回、貸借対象表や損益計算書等の財産開示資料を作成し、受益者に報告しなければなりません。これら信託の書類については、10年間の保存義務があります。

⑥損失補填義務

受託者が任務を懈怠したことにより生じた、信託財産の損失等は、受益者の請求により、損失補填または原状回復責任を負います。

7 信託はいつ終わる？

 信託はいつまで続けよう

 終了事由定めてなかった？

信託の終了事由

信託にはいくつかの終了事由があります。

●①委託者と受益者が合意したとき

委託者と受益者の合意によって、いつでも信託を終了させることができます。なお、委託者が既に死亡等している場合でも、受益者のみで信託を終了させることはできません。

●②信託行為で定めた事由が生じたとき

「父（母）の死亡」「受益者が20歳になったら」等、信託行為において、あらかじめ信託の終了事由を定めておくことができます。

●③信託目的を達成したとき、又は達成できなくなったとき

信託は、受託者が一定の目的達成のために、信託財産を管理・処分するためのものであるため、目的を達成するか、又は達成が不能となった場合は、信託は終了します。

●④受託者が受益権の全部を固有財産で有する状態が１年間継続したとき

信託の本来の趣旨は、受託者が受益者のために、信託財産を管理・処分するためのものであるため、受託者と受益者が同一人である状態では所有権と変わりません。

そのため、1年を経過したときに信託は終了します。

⑤受託者が欠けた場合であって、新受託者が就任しない状態が1年間継続したとき

受託者が欠けている状態では、信託財産の適切な管理・処分が見込めず、受益者の権利が守られないため、上記同様に、1年を経過したときに信託は終了します。

⑥信託財産の費用等の償還等に不足している場合において、受託者が信託を終了させたとき

受託者が信託事務を処理するために必要な費用は、原則、信託財産から支出します。しかし、信託財産の金銭が不足している場合など、一時的に支出できない場合は、受託者の固有財産から支出することも考えられます。その場合は、信託財産から立て替えた費用の償還を受けるか、又は受益者との間で合意があれば、費用の償還を受けることができます。この費用の償還が受けられない場合で、一定の手続きを経たあと、受託者は信託を終了させることができます。

⑦信託の併合がされたとき

⑧特別の事情による信託の終了を命ずる裁判等があったとき

⑨信託財産についての破産手続開始の決定があったとき

⑩委託者が破産手続開始の決定、再生手続開始の決定又は更生手続開始の決定を受けた場合において、信託契約の解除がされたとき

⑪不法目的で信託がされた場合等において、利害関係人の申立てにより、裁判所が公益確保のために信託の終了を命じたとき

信託の清算手続き

信託が終了した場合、受託者は清算受託者として、信託の清算事務を行います。清算事務には、現務の結了（現在の任務の完了）、信託財産に属する債権の取立て、信託債権・受益債権に係る債務の弁済、残余財産の給付があります。信託の終了時に残っていた財産を残余財産といい、この財産の受取人は下記の順に従って帰属します。

第1順位 信託行為において指定された者（残余財産受益者・帰属権利者）

第2順位 上記の定めがない場合、又は指定を受けた者のすべてがその権利を
放棄した場合は委託者又はその相続人その他の一般承継人

第3順位 上記により定まらないときには、清算受託者

委託者の地位は相続されるか

信託法によれば、委託者の地位は相続の対象とされ（遺言信託を除く）、信託契約
において別段の定めをした場合を除き、委託者が死亡した場合は、委託者の地位は
委託者の相続人へ承継されると考えられます。ですから、相続により信託の当事者
が複雑にならないように、委託者の地位は相続によって承継されない旨を、別段の
定めとして規定しておく必要があると考えられます。

8 信託契約を結ぶとどこで 課税されるの？

信託って当事者関係がごちゃごちゃしてて、どこで課税される
か恐いな

そうだね、信託の課税関係について説明しよう

信託契約時の課税関係

　信託の効力が発生した場合、税務上は、信託財産から経済的な利益を受ける者は誰かという実質に着目して課税されます。信託における形式的な所有者は受託者ですが、実質的な所有者は、信託財産から経済的な利益を受ける受益者であるため、当初所有者である委託者から、他の者へ受益権が移った時点で課税関係を検討します。

●信託設定時、委託者＝受益者の場合（自益信託）

　自益信託の場合には、信託の前後で経済的利益に変化がないため、流通税を除き課税はありません。

●信託設定時、委託者≠受益者の場合（他益信託）

　他益信託の場合、当初委託者から信託の経済的利益が受益者へ移っているため課税関係が生じます。適正対価の授受がなく、無償で信託財産が移った場合は、贈与に準じて贈与税の課税対象になります。

信託期間中から終了までの課税関係

●①信託期間中に受益者が変更した場合

　信託期間中に受益者が変更した場合は、当初委託者から信託の経済的利益が受益者へ移っているため課税関係が生じます。適正対価の授受がなく、無償で信託財産

が移った場合は、贈与に準じて贈与税の課税対象になります。適正対価の授受がある場合は、信託財産の売買がされたものと同様の扱いとなり、譲渡所得課税の課税対象となります。

●②損益通算禁止の規定

　信託の税務に損益通算禁止という問題があります。信託財産から生じた受益者である個人の不動産所得の損益はなかったものとみなす、という規定があるため、信託財産以外からの利益と相殺することができないのです。つまり、Ａ不動産とＢ不動産のうちＡ不動産のみ信託財産とした場合で、Ａ不動産は100万円マイナス、Ｂ不動産は100万円プラス計上だった場合でも、Ａ不動産とＢ不動産の所得を合算することができず、Ｂ不動産の100万円の所得に対して課税されます。また、信託財産から生じた損失を翌年へ繰り越すこともできないため、Ａ不動産の100万円の損失を翌年へ繰り越すことができません。大規模修繕などを控えている場合は、注意が必要です。

●③信託終了時

受益者＝帰属権利者の場合

　信託終了時の受益者に残余財産を帰属させる場合、信託終了前後で経済的利益に変化がないため、流通税を除き課税はありません。

受益者≠帰属権利者の場合

　信託終了時に受益者と異なる第三者を帰属権利者とした場合は、残余財産の経済的利益が帰属権利者へ移っているため課税関係が生じます。適正対価の授受がなく、無償で残余財産が移った場合は、贈与に順じて贈与税の課税対象になります。受益者の死亡を終了事由とした場合、受益者の死亡を原因として帰属権利者へ残余財産が移るため、贈与とみなされ、相続税の課税対象となります。

信託の流通税

　不動産を信託した場合、通常の所有権の移転よりも税率が低く設定されているため、流通税の節税に信託を活用することもあります。なお、不動産の所有権を移転する際の流通税には、不動産登記事項の名義等を変更する際に発生する登録免許税、不動産を取得した人に課される不動産取得税があります。

①信託設定時

登録免許税

不動産の所有権移転登記と同時に所有権の信託の登記を行います。

所有権移転の登記：非課税

（土地）所有権の信託の登記　固定資産税評価額×0.3%（令和3年3月31日まで。

原則0.4%）

（建物）所有権の信託の登記　固定資産税評価額×0.4%

不動産取得税

不動産取得税は発生しません。

②受益者の変更

登録免許税

受益者変更にかかる登記手続きの登録免許税

不動産1個につき金1,000円

不動産取得税

不動産取得税は発生しません。

③受託者の変更

登録免許税

受託者変更にかかる登記手続きの登録免許税は非課税

不動産取得税

不動産取得税は発生しません。

④信託の終了時

登録免許税

所有権移転分は、固定資産税評価額×2%

信託抹消分は、不動産1個につき 金1,000円

不動産取得税

固定資産税評価額×4%

第3章 相続税対策

1 相続税とは、どのような税金か？

相続税って、一言で言うとどんな税金なの？

遺産をもらった人に、もらった遺産の額に応じて課税される税金だよ

相続税は、何に対してかかる税金か？

　相続税とは、相続又は遺言によって財産を取得した人に対し、取得した財産の額に応じて課税される税金です（参考：相続税法第2条第1項）。

　なお、相続税を支払うのは、相続等によって財産を引き継いだ方、つまり遺族です。相続税の支払額は故人の財産を基準に課税されますが、亡くなった人は納税を行うことができません。そのため、相続等によって財産を引き継いだ遺族等が相続税を支払うこととなります。

財産額がいくらから相続税がかかるのか？

　故人の財産を引き継いだからといって、必ずしも相続税がかかるわけではありません。相続税には**基礎控除額**というものがあり、この金額の範囲内であれば相続税がかからないことになっています。

基礎控除額：3,000万円＋600万円×法定相続人の数※
※詳細は6-1節を参照してください。

　つまり、法定相続人が1人の家庭では3,600万円、相続人が2人の家庭では4,200万円以下の遺産であれば相続税はかかりません。ただし、相続税がかかる財産は、現金や銀行預金などの、いわゆる「お金」に限りません。持ち家はもちろん、株式や家

財に保険金まで、相続税がかかる財産の範囲はとても広く設定されています。これらの遺産を考慮すると、相続税の基礎控除額を超え、相続税の支払いや相続税の申告書の提出が必要になるケースは多くあります。

相続した財産額に応じ、相続税を支払う金額が変わる

故人の財産が基礎控除額を超えたとしても、途端に相続税が何百万円、何千万円かかるわけではありません。

▼相続税の計算例
■正味の遺産額が2億円で、妻と子2人が法定相続分どおりに相続した場合

(正味の遺産額)　　　　(基礎控除額)　　　　　　　　(課税遺産総額)

$$2億円 - (3,000万円+600万円×3) = 1億5,200万円$$

課税遺産総額を法定相続分であん分

①
妻 ($\frac{1}{2}$) 7,600万円	子 ($\frac{1}{2}×\frac{1}{2}$) 3,800万円	子 ($\frac{1}{2}×\frac{1}{2}$) 3,800万円
▼	(×税率) ▼	(×税率) ▼
1,580万円	560万円	560万円

② 相続税の総額2,700万円

相続税の総額を実際の相続割合であん分

③
妻 ($\frac{1}{2}$) 1,350万円	子 ($\frac{1}{4}$) 675万円	子 ($\frac{1}{4}$) 675万円

配偶者の税額軽減=▲1,350万円

実際に収める税金

④
妻 0円	子 675万円	子 675万円

出典：国税庁HPをもとに作成
(https://www.nta.go.jp/publication/pamph/koho/kurashi/html/05_4.htm)

相続税は、故人の財産額が基礎控除額を超えた部分にかかります。そのため、基礎控除額を少し超えたぐらいでは驚く程の相続税はかかりません（相続税の支払い額の目安は3-2節を参照）。具体的な計算例は上記の表にまとめられていますが、相続人が支払う相続税は、概ね、次の流れで計算されます。

3

① 相続人全員にかかる相続税の総額を計算する

② 1人当たりが支払う相続税額の計算（①で求めた相続税を、財産を相続した割合であん分する）

●①相続人全員にかかる相続税の総額を計算する

相続税は、故人の財産に対してかかる税金です。そのため、まずは相続税の総額（故人の財産にかかる相続税のトータル金額）の計算を行います。この過程で、相続人全員（相続人である配偶者、子（長男）、子（次男））が負担する相続税の合計金額が決まります。

●②1人当たりが支払う相続税額の計算（①で求められた相続税を実際に財産を相続した割合であん分する）

遺族ひとりひとりに実際にかかる相続税は、①で計算した相続人全員が負担する相続税の総額を基に、財産を相続した割合であん分する仕組みとなっています。そのため、相続した財産が少ない人は相続税の負担も少なくなる一方で、相続した財産が多い人は相続税の負担が多くなります。

このような仕組みからだれがいくら相続税を負担することになるのかは、遺産をどのようにわけるか決定するまでは把握することができません。

2 相続税の目安について

わたしが支払う相続税って、いくらになるのかしら

相続した財産の額によって変わるけど、目安を紹介するよ

相続税は、取得した財産の額によって変わる

相続税は、故人の遺産額を基準に課税される税金です。

そのため、相続人全員が負担する相続税のトータル金額は、家族で財産をどのようにわけたとしても、基本的には変わらないという考え方があります。ただし、財産を引き継いだ相続人が実際に支払う相続税は、遺産をいくらもらったかや、相続人の属性(配偶者、兄弟など)によって大きく変わります。

たとえば、1億円の財産を子ども2人で5,000万円ずつわけた場合と、7,000万円・3,000万円にわけた場合では、相続人がそれぞれ負担する相続税は、次のように異なります。

▼財産を5:5の割合でわけたケース

相続人	相続する財産	全体のうち、負担する相続税
子どもA	5,000万円	50%
子どもB	5,000万円	50%
合計	1億円	100%

▼財産を7:3の割合でわけたケース

相続人	相続する財産	全体のうち、負担する相続税
子どもA	7,000万円	70%
子どもB	3,000万円	30%
合計	1億円	100%

3

どちらの例においても、2人が支払う相続税の合計額は変わりません。しかし、財産をどのようにわけたかによって、それぞれが負担する相続税は変わります。財産を5:5の割合でわけたなら全体の相続税を5:5の割合で負担し、財産を7:3の割合でわけたなら、全体の相続税を7:3の割合で負担することになります。

　このように、相続人各人が支払う相続税は、故人の財産がいくらあるかだけでなく、いくら財産をもらったかによって変わります。

　なお、相続人全員が負担する相続税の金額は、ある程度の目安を求めることができます。次の表は、**相続人が子どものみのケースで、相続人全員が負担する相続税の総額**を計算した早見表です。

　次の金額を相続した財産の割合に応じてあん分すれば、それぞれの相続人が支払う相続税の目安を把握することができます。

▼相続税の総額 早見表 (相続人が、亡くなった方の子どものみのケース)

財産額	1人	2人	3人	4人
4,000万円	40万円	0	0	0
5,000万円	160万円	80万円	20万円	0
6,000万円	310万円	180万円	120万円	60万円
7,000万円	480万円	320万円	220万円	160万円
8,000万円	680万円	470万円	330万円	260万円
9,000万円	920万円	620万円	480万円	360万円
1億円	1,220万円	770万円	630万円	490万円
2億円	4,860万円	3,340万円	2,460万円	2,120万円
3億円	9,180万円	6,920万円	5,460万円	4,580万円
4億円	1億4,000万円	1億920万円	8,980万円	7,580万円

　たとえば、父が既に他界しており、今回母が亡くなった場合で、遺産1億円、子ども2人であれば、2人が支払う相続税の合計は770万円、仲良く5,000万円ずつ遺産をもらった場合は385万円 (770万円×1/2) ずつ相続税を支払うことになります。

　なお、上記の表は次の算式によって計算しています。

{（財産額 − 基礎控除額）× 法定相続分 × 税率 }× 相続人の数

※基礎控除額：3,000万円＋600万円×法定相続人の数
※平成27年1月1日以後の相続税率を用いて計算しています。

相続人が多いほど、相続税額は少なくなる

　表を見るとわかる通り、相続人が少ないほど相続税の総額は高くなります。それは、次の2つの理由があるからです。

1. 基礎控除額が法定相続人の数に応じて変動するため

　相続税の基礎控除額は、3,000万円＋600万円×法定相続人の数によって算定されます。そのため、相続人が1人増えれば基礎控除額が600万円増え、相続税の負担が減ります。

2. 相続人が多い場合、適用される相続税率が小さくなるため

　相続税の税率は、法定相続分に応じて取得したと仮定した場合の財産額に対して税率を乗じます。

　たとえば、亡くなった方に2億円の財産があり、子どもが1人しかいなかった場合、次の税率表の「法定相続分に応ずる取得金額」は「2億円以下」（2億円×1/1（法定相続分）＝2億円）に該当し、税率40%が適用されます。

　一方で、もし亡くなった方に子どもが2人いた場合、「法定相続分に応ずる取得金額」は2億円×1/2（法定相続分）で1人あたり1億円となり、次の税率表の「1億円以下」の区分に該当し、30%の税率が適用されます。

　つまり、相続人が多い場合、適用される税率が小さくなる可能性があり、相続税が少なくなります。

3

▼【平成27年1月1日以後の場合】相続税の速算表

法定相続分に応ずる取得金額	税率	控除額
1,000万円以下	10%	ー
3,000万円以下	15%	50万円
5,000万円以下	20%	200万円
1億円以下	30%	700万円
2億円以下	40%	1,700万円
3億円以下	45%	2,700万円
6億円以下	50%	4,200万円
6億円超	55%	7,200万円

出典：国税庁「タックスアンサー 相続税 No.4155 相続税の税率」をもとに作成
(https://www.nta.go.jp/taxes/shiraberu/taxanswer/sozoku/4155.htm)

特例の適用などによって相続税は大きく変わる

　先ほどの相続税額早見表は、あくまでも目安です。たとえば小規模宅地等の特例（6-4節参照）や、配偶者の税額の軽減（後述）の適用を受けられる場合には相続税額が少なくなる一方、相続税の二割加算（後述）が適用される場合、負担する相続税額は早見表の金額よりも多くなります。

●相続人の属性による相続税の違いの概要

　相続人の属性（配偶者や兄弟など）によって、支払うことになる相続税は変わります。次の表では、相続人の属性によって税額が変わる、代表的な制度をご紹介します。

▼相続人の属性による相続税の違い

制度の名称	税負担への影響	対象者の例示
配偶者の税額の軽減	財産額1億6,000万円か、配偶者の法定相続分相当額まで配偶者が無税で相続できる	被相続人の配偶者
未成年者の税額控除	20歳※になるまでの年数×10万円を、本来支払う相続税から控除する ※令和4年4月1日以降は18歳	相続人が未成年者(20歳未満※)かつ、法定相続人などの要件を満たすとき ※令和4年4月1日以降は18歳
障害者の税額控除	85歳になるまでの年数×10万円※を、本来支払う相続税から控除する ※特別障害者の場合は20万円	相続人が85歳未満の障害者かつ、法定相続人などの要件を満たすとき
相続税の二割加算	相続税の負担が2割増える	被相続人の兄弟姉妹や、甥・姪など

3

3 不動産を相続や贈与で引き継いだときにかかる税金について

不動産を相続や贈与で引き継いだときって、どんな税金がかかるのかな

相続税、贈与税はもちろん、**不動産取得税、登録免許税、固定資産税・都市計画税、場合によっては所得税がかかるよ**

不動産を引き継いだときにかかる税金

　土地や建物といった不動産は、数多くの種類の税金がかかります。たとえば、不動産を持っているだけで「固定資産税」や「都市計画税」といった税金がかかりますし、売却時には所得税がかかります。その他にも、不動産を取得した場合に課税される、「不動産取得税」や「登録免許税」といった税金もあります。

　このように相続が起こった時は、相続税以外の税金の支払いも必要です。不動産を引き継いだときにどのような税金がかかるのか、確認していきましょう。

不動産からの賃貸収入があるときや、売却時には所得税

　所得税は、個人の所得に対してかかる税金で、**1年間の全ての所得** から所得控除を差し引いた残りの金額（課税所得）に税率を乗じ税額を計算します。たとえば、貸しアパートからの賃貸収入があるときは「不動産所得」として、不動産を売却したときは「譲渡所得」として、所得税の確定申告を行う必要があります。

　なお、譲渡した年の1月1日現在の所有期間が5年超の土地や建物を売却した場合の所得税等の税金は、以下の通りです。

（譲渡価額 －（取得費 ＋ 譲渡費用））× 20.315%

　　　　　　　（内訳：所得税15％ ＋ 復興特別所得税0.315％ ＋ 住民税5％）

つまり、不動産を売却して儲けが出た場合、儲けに対して約20%の所得税の支払いが生じるということです。なお、儲けとは、譲渡価額（売却額）から取得費と譲渡費用を差し引いた金額です。

　取得費とは、土地の購入代金や購入手数料などの合計額です。また、譲渡費用とは、土地や建物を売るために支出した費用をいい、仲介手数料、測量費、売買契約書の印紙代、売却するときに借家人に支払った立退料、建物を取り壊して土地を売るときの取壊し費用などが該当します。

　なお、相続によって取得した不動産の取得費は、死亡した人がその土地を買い入れたときの購入代金や購入手数料などを基に計算します。ただし、先祖代々の土地は、取得費が安かったり、いくらで取得したか不明な場合もあります。そのようなときは、譲渡価額の5%を取得費（概算取得費）とする等の取り扱いがあります。難しいと感じる場合は、不動産を売却したときは、最大で売却額の20%程度の所得税等が発生すると理解しておけば良いでしょう。

　なお、相続によって不動産を取得した際、相続税が課税されており、その不動産を亡くなってから3年10か月以内（相続税の申告期限の翌日以後3年を経過する日まで）に売却した場合には、支払った相続税額の一部を取得費に加算する、相続税額の取得費加算（相続財産を譲渡した場合の取得費の特例）という取り扱いがあります。そのため、相続税がかかった財産をすぐに売却したときは、所得税の支払いを抑えることができます。

3

不動産を引き継いだ時にかかる不動産取得税と登録免許税

　不動産を贈与などによって引き継いだときは不動産取得税という税金がかかります。また、相続や贈与などによって不動産を引き継いだときは、登録免許税という税金がかかります。

	相続	贈与
不動産取得税	－	不動産の価格の原則4%
登録免許税	不動産の価格の0.4%	不動産の価格の2%

　登録免許税は相続・贈与どちらによって不動産を引き継いでもかかりますが、税率が異なります。また、不動産取得税は、相続によって不動産を引き継いだときはかからないという特徴があります。結論だけ言えば、どちらも相続より贈与の方が多額

の税金がかかります。

　上記で説明した税金について、簡単にまとめると次の通りです。

▼税金の種類と課税のタイミング

税金の種類	どういうときに課税されるか	備考
相続税	相続によって財産を引き継いだとき	小規模宅地等の特例などが適用できるかどうかで相続税額が大きく変わる。
贈与税	贈与によって財産を引き継いだとき	－
所得税	不動産（貸アパート等）から賃貸収入が生じるとき、不動産を売却したときなど	被相続人が青色申告を行っていたときは、相続人が青色申告書の承認申請書を新たに提出する必要あり。また、被相続人の所得税の準確定申告が必要なケースもある。
固定資産税・都市計画税	毎年1月1日に、土地や建物といった不動産を持っているときなど	－
不動産取得税	不動産を購入したとき、不動産の贈与を受けたときなど	相続によって不動産を取得したときは課税されない。ただし、相続人以外の者が特定遺贈（遺産のうち特定された具体的な財産についての遺贈）によって不動産を取得したときは課税される。
登録免許税	不動産の購入や、相続・贈与により不動産等を取得し、登記変更を行ったとき	相続・贈与、どちらで不動産を引き継いだ場合も課税される。

4 相続税対策の基本について

相続税対策って、何をすれば良いのでしょうか?

節税と納税資金の確保、この2点を主軸に対策を行いましょう

相続税対策には2種類ある

相続税対策で行うべきことは、大きく2種類あります。

1. 相続税の節税
2. 納税資金の確保

一般的に「相続税対策」と聞くと、相続税の節税というイメージがあるかもしれません。しかし、相続税対策を行うにあたっては、相続税の節税だけでなく、納税資金の確保も忘れてはいけません。具体的に確認していきましょう。

相続税の節税について

相続税の節税は、その名の通り、相続税を減らすための対策を行うことです。相続税は、故人の遺産に対してかかる税金です。そのため、生前の元気なうちに財産額を減らしてしまえば、遺族にかかる相続税が減ることになります。

具体的には、次の方法を採るケースが多いです。

1. 生前贈与
2. 生命保険の契約
3. 不動産の購入等

注意点として、これらの方法は、どれもお金を使います。相続税の節税を行うには、基本的に「持っているお金を減らす」ことが求められるのです。そのため、相続税の節税を行うことができるのは、一般的には、持っている現金や預金などの「お金」が多い方がほとんどです。

　なお、究極的には「宵越しの銭は持たない」考えで、生きているうちに全財産を使い切ってしまえば財産額が基礎控除額以下となり、残された子ども達の相続税の負担は免れることになります。しかし、毎日高級料亭で食事をし、お金を使い切ったということであれば良いですが、高級車や絵画などを買った場合には、それはお金が他の資産（相続税のかかる財産）に変わるだけですので、相続税の節税には効果がないことには注意が必要です。

　生前贈与による相続税の節税についての詳しい解説は、3-6節を参照してください。

納税資金の確保について

　相続税は、原則としてお金（金銭）で一括払いを行わなければなりません。しかし、相続した財産はお金だけとは限りません。相続した財産の中には、すぐに換金できない自宅などの不動産が含まれていることが一般的です。

　そのため、もし、相続した財産のうちに占める不動産の割合が多い場合、多額の相続税がかかるにも関わらず、税金を支払えるだけのお金（納税資金）が不足することがあります。従って、相続税対策を行う場合には不動産の売却も視野に入れ、相続税を支払えるだけのお金をまず用意しなければなりません。

　なお、相続税の支払いが厳しい場合の対処法はいくつかあり、たとえば次の方法が挙げられます。しかし、これらの手続きは手間がかかりますので、相続税を支払えるように、生前に整理を行っておくことが重要です。

▼相続税支払のための対処法

対処法	効果	要件など	注意点など
延納	税金の支払時期を延ばす	金銭一括納付が困難なことを証明したり、担保の提供を求められることがある	利息（利子税）の支払いが必要
物納	不動産など、物で税金を支払う	延納も困難な状況など	条件が厳しいため、慎重な検討が必要
銀行からの借り入れ	銀行からお金を借りて税金を支払う	金融機関によって条件が異なる	利息の支払いが必要
不動産を売却	不動産を売却して税金を支払う	―	すぐに売却できなかったり、急いでいると、買いたたかれる可能性がある。売却によって譲渡所得の申告が必要になる

　相続税対策を行う場合、まずは相続税が現状いくらかかるか試算を行い、その後、納税資金が足りるかの確認や、節税を行うべきかの検討に移ります。

　なお、相続税対策の具体的な手順については、次節で解説します。

3

5　相続税対策は どういう流れで行われる？

相続税対策の流れを教えてください

まずは納税資金を確保して、それから相続税の節税が可能であれば検討を行いましょう

相続税対策は、納税資金の確保から行うこと

前節で解説した通り、相続税対策では、相続税の節税だけでなく、納税資金の確保を行う必要があります。

相続税対策は、具体的には次の流れで行うことが一般的です。

①もし現時点で亡くなったとした場合に子ども達にかかる相続税額の試算を行う
②納税資金の確保を行う
③相続税の節税手法を検討する
④上記①～③を考慮して遺言書の作成を行う

現状の相続税額の試算

相続税対策では、だれにいくら税金がかかるかを、生前に把握しておくことが重要です。これは、ご両親などの親族が亡くなった際に、財産を引き継ぐ妻や子どもが相続税を支払えなくなる事態を防止するためです。

相続税は、原則として現金で支払わなければなりません。そのため、まずは、今後亡くなると想定される方の財産がいくらあるかの把握と、遺産分割案の作成を行います。その結果、**誰がどのような財産を引き継ぎ、いくら相続税を支払うことになる**

か の試算を行います。

この際、相続財産のうちに、土地や建物など換金性が低い財産が多く含まれる場合やローンがある場合には、相続税を支払えるだけの現金があるかを確認しましょう。具体的には、相続財産の中に、相続税を支払えるだけの現金があるか、若しくは相続人が自身で貯めたお金で相続税を支払うことができるか確認を行います。

相続税は自宅などの不動産を引き継いでもかかりますが、相続税の支払いは、現金による一括払いが原則です。そのため、不動産など換金性が低い財産を引き継いだ人は、お金がないのに多額の相続税がかかり、相続税を支払うことがむずかしい場合もあります。したがって、だれが、いくら、どのような財産を引き継ぎ、相続税をいくら支払うことになるか生前に確認を行うことをお勧めします。

もし、相続財産の中に利用予定が無い空き家や空き地などがある場合、優先的に売却などを検討すると良いでしょう。

現金や預金が多い場合は相続税の節税も検討できる

3

相続税額の把握を行い、納税資金に余裕がある場合は相続税の節税を検討しても良いでしょう。

次の2つが代表的です。

①生前贈与
②不動産などの購入

●①生前贈与

相続税は亡くなった時点の遺産額に応じて課税される税金のため、生前に贈与を行い、子どもに財産を移転しておくことで、亡くなった際の遺産額を減らし、相続税を節税することができます(詳細は3-6節参照)。

●②不動産などの購入

相続税は一般的に、財産のうちに現金や預金(以下、まとめて「現金」)が占める割合が高いほど高くなります。

現金は、相続税を考えるうえでは一番高く課税される財産です。当たり前ですが、100万円の現金には100万円分の相続税が、1億円の現金には1億円分の相続税がかかるからです。

一方で、土地であれば取引価格の約80%、家屋の場合は約70%が相続税がかかる

金額といわれています。これは、不動産は現金と比べて流動性が低い等の理由があるからです。国土交通省※1によると、平成4年以降は地価公示の水準の8割程度を目安に土地の相続税評価額の基礎となる路線価を設定しているとされています。

　また、家屋については、財産評価基本通達91において、「課税時期において現に建築中の家屋の価額は、その家屋の費用現価の100分の70に相当する金額によって評価する」とされていることから、家屋の相続税評価額は、時価の概ね7割程度という説があります。

　つまり、理論的には1億円の現金で7,000万円の土地と3,000万円の建物を購入した場合には、実質1億円の価値があるにも関わらず、相続税がかかる金額は、土地5,600万円(7,000万円×0.8)、建物2,100万円(3,000万円×0.7)の合計7,700万円になると考えられます。

　また、土地には小規模宅地等の特例があるため、もし適用を受けられる場合には、さらに土地の評価額を最大80%減らすことができ、かなりの相続税を減らすことができます。そのため、持っている現金を原資に土地などを買うことで、相続税の節税を行うことは多くあります。ただし、もちろん、利用予定のない不動産の購入はお勧めできません。容易に換金できないうえ、固定資産税などの維持コストがかかります。また、相場通りの購入額であるかや、購入する土地の事情によって相続税の圧縮度合いは大きく異なるため、不動産の購入を行う際は慎重になる必要があります。なぜなら、税金が減っても不動産投資で失敗すれば大赤字になってしまうからです。

※1　**国土交通省 主な公的土地評価一覧**：https://www.mlit.go.jp/totikensangyo/totikensangyo_fr4_000042.html

6 生前贈与による相続税対策とは？

よく、「生前贈与」による相続税対策と聞くけど、どういう対策なの？

親が生きているうちに、子どもや孫に財産を贈与して相続税を減らす方法です

生前贈与による相続税対策とは？

民法第549条では、贈与について、次の通り規定されています。

「贈与は、当事者の一方がある財産を無償で相手方に与える意思を表示し、相手方が受諾をすることによって、その効力を生ずる」

簡単に言えば、「贈与」とは、お金や不動産などの財産を、タダ（無料）で相手に与える行為です。この贈与のうち、生前贈与については、生きているうちに、贈与によって子どもや孫に財産を移転する行為を指します。

相続税は、亡くなった時点の財産額に応じて課税される税金です。そのため、生前贈与を行って財産額を減らしておくことができれば、いざ亡くなった時に相続人が支払う相続税が減ることになります。

現金贈与による相続税対策

生前贈与によって相続税の節税を行う場合、現金や預金など、いわゆる「お金」を子どもや孫に110万円贈与する方法がよく用いられています。

贈与税には年間110万円の基礎控除額がありますので、毎年子どもにコツコツ贈与を行うことで、贈与税・相続税の負担なく、子どもに財産を移転することができるからです。

▼具体例　8,000万円の財産のうち、110万円を子どもに贈与したケース

	110万円の贈与を行う前の財産	110万円の贈与を行った後の財産
財産額	8,000万円	7,890万円
備考	亡くなったときは、8,000万円の財産に対して基準に相続税がかかる	財産移転による贈与税の負担なし。亡くなったときは7,890万円の財産に対して相続税がかかる

1年間に行われた贈与が110万円以下であれば贈与税がかからず、また、相続税は、故人が亡くなった時点で持っていた財産に対して課税が行われます。

そのため、生きているうちに110万円の贈与を行い財産を減らしておくことができれば、相続税がかかる財産額が110万円減ることになり、つまり、110万円分の財産を贈与税・相続税の負担なく子どもに移転することができます。

なお、110万円と聞くと少なく感じるかもしれませんが、1年間で110万円でも、2人の子どもに贈与すれば220万円ですし、10年間続ければ2,200万円です（※）。子どもの配偶者（夫・妻）や孫にも贈与するなど、贈与する人数を増やすか、若いうちから何年も贈与を行うことができれば、多くの財産を、少ない税負担で子どもや孫にのこすことができます。

> **※注意点**
> 毎年110万円ずつ10年間にわたって贈与を受けることが約束されている場合には、契約をした年に定期金給付契約に基づく定期金に関する権利（10年間にわたり100万円ずつの給付を受ける契約に係る権利）の贈与を受けたものとして贈与税がかかります。したがって、毎年贈与契約を結んだ方が良いでしょう（参考：国税庁タックスアンサー No.4402 贈与税がかかる場合）。

110万円を超える贈与や不動産の贈与による相続税対策

上記で説明した110万円贈与は、確かに王道の節税方法です。

しかし、相続が起こった際は、相続開始前3年以内に行われた贈与について、相続税の計算上その贈与が無かったものとし、相続財産に足し戻される（暦年贈与加算）などの注意点があります。したがって、ご高齢の場合には贈与による相続税対策が有効でなかったり、贈与税がかかってでも110万円を超える贈与を行った方が良いケースがあります。

なぜなら、相続開始前3年以内の贈与に該当しそうになかったとしても、5年10年と長生きできない可能性がある場合には、早期に子どもに財産を移転しておかなければ、財産の承継が間に合わず、多額の相続税がかかる可能性があるからです。

　そのような場合には、不動産などの高額な資産を子どもに贈与を行うこともあります。ただし、その場合は贈与税や不動産取得税などの税金がかかります。また、不動産の贈与については小規模宅地等の特例の適用が受けられないため、慎重に検討を行わなければなりません。

　なお、一般的に贈与税の方が相続税よりも税率が高く設定されていますので、高額な資産を贈与するケースでは、まず、現時点で亡くなったとき、いくら相続税がかかるかの試算を行います。その後、財産を贈与した場合の贈与税率と、贈与を行わなかった場合にかかる相続税率の比較を行い、生前に贈与をしておくべきか、贈与を行わずに相続で財産を子どもにのこすべきか、検討を行うと良いでしょう。

3

110万円贈与の注意点や デメリットについて

110万円贈与って最善の節税方法なんでしょうか?

王道の方法だけど、必ずしも最善の方法とは限らないんだ。注意点やデメリットを紹介します

110万円贈与とは

前節で解説をした通り、110万円贈与とは、年間110万円以下の財産を、子どもや孫に贈与する方法です。贈与税の基礎控除額が年間110万円であることから、毎年贈与契約を結び、毎年110万円ずつ子どもに贈与を行うことによって、贈与税・相続税の負担なく、子どもに財産を移転することができる王道の節税方法です。

110万円贈与の注意点

110万円贈与は、贈与税と相続税の負担なく財産の移転ができる、メリットが大きい相続税の節税方法です。しかし、例えば次の注意点があります。

●①2人以上から贈与を受けるとき

贈与税は、財産の贈与を受けた人が、「その年に、いくら贈与を受けたか」によって贈与税の金額が決まります。そのため、子どもが父親から110万円、母親から110万円の贈与を受けたときは合計220万円となり、年間110万円を超えるため子どもに贈与税がかかります。また、子どもに対して110万円の贈与を年に2回行った場合も、同様に年間110万円を超えるため、子どもに贈与税がかかります。

1回あたりに行われた贈与額が110万円以下かどうかではなく、1年間に受けた贈与のトータルが110万円以下かどうかがポイントです。子どもや孫に財産の贈与を行う際は、1年間トータルで110万円以下の金額に抑えなければ、贈与税の申告書を

税務署に提出する必要が生じ、贈与税の支払いも必要となります。

●②贈与契約書などを作成しておくこと

　民法第549条によると「贈与は、当事者の一方がある財産を無償で相手方に与える意思を表示し、相手方が受諾をすることによって、その効力を生ずる。」とされています。つまり、「贈与」というのは「財産をあげる」という意思表示だけでなく、「財産をもらう」という、あげる人ともらう人、両者の意思表示があって初めて成立する行為と言えます。

　そのため、たとえば子どものために預金口座を開設し、毎年110万円のお金を預け入れ続けたとしても、子どもがそれを知らないようであれば贈与は成立しないと考えられます。その場合は子どもに財産移転が行われていないとされ、110万円の贈与がすべて無効になります。そうすると、相続税の計算においては、3年以上前に入金したお金を含めて、贈与したつもりの預金が故人の財産として扱われ、相続税がかかります。

　贈与を行う際は、子どもや孫ときちんと話し会い、贈与契約書の作成を行い、預金通帳の管理も子どもに任せる等、きちんと贈与を証明できるようにしておく必要があります。

110万円贈与のデメリット

　110万円贈与のデメリットは、贈与できる財産額が少ないことです。

　相続税は、故人が亡くなったときに持っている財産が多ければ多いほどかかる税金です。そのため、数千万円の財産を持っている方と数億円の財産を持っている方では、とるべき方法が異なります。つまり、財産を多く持っている人ほど早めに贈与を行ったほうが良いですが、110万円の贈与では、なかなか財産が減りません。

　その場合は110万円を超える贈与を行い、贈与税がかかってでも財産を子どもに移転した方が良いケースもありますし、生命保険への加入や不動産の購入など、贈与以外の相続税対策を検討した方が良いこともあります。

　参考に、贈与税と相続税の税率を以下に示します。

3

▼【特例贈与財産用】(特例税率)

基礎控除後の課税価格	税率	控除額
200万円以下	10%	−
400万円以下	15%	10万円
600万円以下	20%	30万円
1,000万円以下	30%	90万円
1,500万円以下	40%	190万円
3,000万円以下	45%	265万円
4,500万円以下	50%	415万円
4,500万円超	55%	640万円

※兄弟間の贈与、夫婦間の贈与、親から子への贈与で子が未成年者の場合などでは、一般税率を用いて計算します。

出典:国税庁「タックスアンサー No.4408 贈与税の計算と税率(暦年課税)」をもとに作成

(https://www.nta.go.jp/m/taxanswer/4408.htm)

▼【平成27年1月1日以後の場合】相続税の速算表

法定相続分に応ずる取得金額	税率	控除額
1,000万円以下	10%	−
3,000万円以下	15%	50万円
5,000万円以下	20%	200万円
1億円以下	30%	700万円
2億円以下	40%	1,700万円
3億円以下	45%	2,700万円
6億円以下	50%	4,200万円
6億円超	55%	7,200万円

出典:国税庁「タックスアンサー No.4155 相続税の税率」をもとに作成

(https://www.nta.go.jp/taxes/shiraberu/taxanswer/sozoku/4155.htm)

　たとえば、贈与税では基礎控除額110万円を差し引いた後の金額が3,000万円を超えた段階で税率50%(4,500万円以下の区分)が適用されますが、相続税では、3,000万円超の場合に適用される税率は20%(5,000万円以下の区分)です。このように、贈与税も相続税も、どちらも税率は10%～55%ですが、移転する財産額が同額の場合、基本的には贈与税の方が適用される税率が高いです。

ただし、例外もあります。たとえば財産が10億円あり、相続人が成人している子ども1人のみのケースでは、相続税率は6億円超の区分の55%が適用されます。しかし、仮に1,500万円の贈与を行った場合、基礎控除110万円を差し引いた後の価格は1,390万円となり、適用される贈与税率は1,500万円以下の区分の40%です。

　このような場合では、1回あたり1,500万円と、110万円を超える贈与を行ったとしても、相続税と贈与税のトータルを考えれば、贈与によって高い節税効果を得ることができます。

● 具体例を見てみよう

　財産が10億円、相続人が20歳以上の子供1人の前提で、1,500万円の贈与を1回だけ行った場合の節税効果を確認してみます。

▼相続税がかかる金額

相続税	贈与しなかった場合	贈与した場合	差額
財産額	10億円	9億8,500万円	△1,500万円
基礎控除額	3,600万円	3,600万円	−
課税遺産総額（差引）	9億6,400万円	9億4,900万円	−
①相続税額※	4億5,820万円	4億4,995万円	△825万円

※6億円超の区分：税率55%、控除額7,200万円
→例：9億4,900万円×55%-7,200万円=4億4,995万円

▼贈与税がかかる金額

贈与税	贈与しなかった場合	贈与した場合
贈与額	−	1,500万円
基礎控除額	−	110万円
課税価格	−	1,390万円
②贈与税額※	−	366万円

※特例税率1,500万円以下の区分：税率40%、控除額190万円

▼相続税＋贈与税

相続税	贈与しなかった場合	贈与した場合	差額
①相続税額＋②贈与税額	4億5,820万円	4億5,361万円	△459万円

このケースでは、1,500万円の贈与によって贈与税が366万円かかりますが、相続税は825万円減るため、贈与税と相続税のトータルで見た場合には459万円の節税効果を得られました。

　一度に1,500万円を贈与した場合、110万円を超えているため贈与税はかかります。ただし、上記のように、相続税の税率と贈与税の税率を検討し、贈与税がかかってでも贈与を行ったほうが、相続税と贈与税のトータルで見た場合は税金の支払いを抑えられるケースがあります。110万円の贈与では、110万円×相続税率55%として、1回の贈与で最大約60万円の節税効果しか得られません。一方で、このケースでは1,500万円の贈与を行った場合の節税効果が459万円と算定されました。このように、財産が多額にある場合、高額な贈与の検討を行っても良いでしょう。

8 相続時精算課税による贈与の メリット・デメリット

相続時精算課税を使えば2,500万円の贈与が非課税と聞いたんだけど

確かにそうだけど、使いどころがむずかしいから気を付けてね

相続時精算課税とは？

贈与税の計算方法には、以下の2つがあります。

1. 暦年課税（原則）
2. 相続時精算課税（特例）

　暦年課税とは、前節以前で解説した、年間110万円の非課税枠が設けられている原則的な制度です。

　次に、相続時精算課税とは、贈与税の支払いを抑えた贈与を行うことができる贈与税の特例制度です。この制度は、贈与税の支払いを抑えられるという大きなメリットを持っていますが、反面、大きなデメリットもあります。

　メリットの一例を挙げると、暦年課税の贈与税の非課税枠は年間110万円ですが、相続時精算課税を活用する場合、非課税枠が総額2,500万円になります。一方でデメリットとして、相続税の生前贈与加算（生前に行われた贈与を相続税の計算上無かったこととし、相続税を課税する仕組み）について、相続開始前3年以内に行われた贈与だけでなく、3年超前に行われた贈与についても相続財産への足し戻しが必要になります。そのため、相続税の節税としては使いどころがむずかしい制度であり、慎重な検討が必要です。

3

相続時精算課税のメリット・デメリット

▼相続時精算課税のメリット・デメリット

＜比較表＞	暦年課税（原則）	相続時精算課税（特例）
贈与税の非課税枠	年間110万円	総額2,500万円
税率	10%〜55%	20%
贈与税の課税範囲	すべての人からもらった財産（相続時精算課税分を除く）を合計して贈与税の計算を行う	贈与者ごとに贈与税の計算を行う。ただし、相続時精算課税を選択していない人からの贈与（暦年課税分）については、暦年課税の計算に従って贈与税の計算を行う
相続財産への足し戻し	相続開始前3年以内に贈与を受けた財産のみ（ただし、相続又は遺贈によって財産を取得していない場合は足し戻しなし）	すべて
相続税が課税される金額	相続開始の3年超前の贈与については相続税の課税なし。相続開始前3年以内の贈与で相続財産に足し戻された場合は贈与時の価額。	贈与時の価額
贈与税の申告	1年間に受けた贈与額が110万円以下であれば申告不要	1年間に受けた贈与額が110万円以下であっても申告が必要
贈与税額控除による還付	なし	あり

※代表的なもののみ記載しています。

相続時精算課税のメリット

①贈与税の非課税枠が年間110万円 → 総額2,500万円に

②非課税枠2,500万円を超えても税率は一律20%

③贈与時の価額で足し戻されるため、価格上昇が見込まれる財産を贈与すると
　節税効果を得られる

　相続時精算課税の最大のメリットは、贈与税の支払いを抑えられることです。この制度を活用した場合、総額2,500万円の贈与まで、贈与税の支払いをする必要がありません。

　通常、贈与税の非課税枠は110万円（暦年課税）ですが、相続時精算課税を活用した場合は贈与税の非課税枠が総額2,500万円に跳ね上がります。また、通常は、贈与

を受けた財産の額に応じ、最大55%の贈与税がかかりますが、相続時精算課税を活用した場合、贈与税の非課税枠2,500万円を超えても、一律20%の税率で済みます。

　したがって、一度に数千万円、数億円の財産を贈与する場合、相続時精算課税を活用することで、贈与税の支払いを抑えて子どもに財産を移転できるというメリットがあります。なお、相続時精算課税による贈与財産は贈与時の価額で相続財産に足し戻されるため、価格上昇が見込まれる非上場株式などを贈与すると節税効果を得ることができます。

　相続時精算課税のデメリット
　①贈与税110万円の非課税枠が無くなる
　②相続税の計算上、相続開始前3年を超える贈与も相続財産に足し戻される
　③現金贈与による節税効果なし

　相続時精算課税を活用した場合、総額2,500万円まで贈与税がかからなくなります。ただし、2,500万円の枠を使い切ったあとは一切非課税枠が無くなってしまいます。つまり、2,500万円の贈与を受けた翌年以降、110万円以下の贈与を受けたとしても非課税枠は一切なく、贈与税が20%かかるというデメリットがあります。

　また、相続開始前3年を超える贈与も相続財産に足し戻されるというデメリットがあります。相続税は亡くなった時点の財産額に応じてかかる税金です。そのため、毎年子どもに110万円ずつの贈与を行い、財産額を減らすことで相続税の支払いを減らすという節税方法があります（前節参照）。しかし、贈与をした財産のうち、相続開始前3年以内に行われた贈与については、相続税の計算上、その贈与が無かったものとして相続財産に足し戻し、相続税が課税される仕組みになっています。これに加えて、相続時精算課税による贈与については、相続開始前3年以内に行われた贈与だけでなく、3年を超える贈与についても相続財産に足し戻し、相続税が課税される仕組みになっています。

　つまり、相続時精算課税によって現金を2,500万円子どもに贈与したとしても、相続税の申告時には、結局その2,500万円に対して相続税が課税されてしまいます。このように、相続時精算課税では、いくら現金を贈与をしても相続税が減らないという大きなデメリットがあります。

　なお、相続時精算課税を活用した相続税対策については次節で解説します。

3

相続時精算課税の注意点

①期限内申告が要件

②一度適用すると戻れない

　贈与税は、贈与を受けた年の翌年3月15日までに申告を行う必要があります。暦年課税の場合は1年間に受けた贈与額が110万円以下であれば、贈与税の支払いも申告も必要ありません。一方、相続時精算課税を活用した場合、2,500万円の非課税枠がありますが、たとえば2,000万円の贈与を受けた場合(2,500万円以下の贈与)であっても3月15日までに申告を行わなければなりません。

　もし3月15日までに申告を行わなかった場合、非課税の適用を受けることができません。つまり、2,000万円×20%=400万円の贈与税を支払うことになってしまいます。

　なお、相続時精算課税は、一度適用すると継続しなければなりません。相続時精算課税は選択制のため、税務署に届け出を行わない限り使うことはできません(何もしなければ暦年課税が適用されます)。ただし、一度相続時精算課税を選択した場合、以後永久に、110万円の非課税枠がある暦年課税制度に戻すことができないため注意が必要です。相続時精算課税を選択すれば、その後に年間110万円の贈与を受けたとしても2,500万円の非課税枠を消費してしまいます。また、2,500万円の非課税枠は、1年間ではなく、一生涯で使える非課税枠の総額であることに注意が必要です。

　総額で2,500万円を超えたあとの贈与については、たとえ1万円の贈与(110万円以下の贈与)であっても20%の贈与税がかかります。したがって、相続時精算課税を使うタイミングや、本当に使うべきかは慎重に検討した方が良いでしょう。

相続時精算課税を適用するための要件

　相続時精算課税は全員が使えるわけではありません。何も手続きをしなければ、年間110万円の非課税枠がある暦年課税が適用されます。

　相続時精算課税は、基本的には、20歳以上の子又は孫が、60歳以上の父母又は祖父母から財産の贈与を受けた場合に適用することができます。相続時精算課税を適用するためには、要件を満たした上で届出書を税務署に提出する必要がありますので、相続時精算課税を適用する場合には、届出書の提出を忘れてはいけません。

なお、相続時精算課税は、人ごとに適用の選択を行います。つまり、「父からの贈与は相続時精算課税を選択する。母からの贈与は暦年課税で贈与を受ける。」といった選択が可能です。ただし、相続時精算課税には上述したデメリットや注意点がありますので、相続時精算課税を検討する際は、税理士に相談することをお勧めします。

▼相続時精算課税を適用するための要件

＜要件＞	贈与者（財産をあげる人）	受贈者（財産をもらう人）
年齢	60歳以上 ※財産を贈与した年の1月1日時点	20歳以上 ※財産を取得した年の1月1日時点 ※令和4年4月1日以降は18歳以上
受贈者の要件	－	贈与をした人の推定相続人および孫
届出書	－	贈与を受けた年の翌年2月1日から3月15日までの間に、税務署に相続時精算課税選択届出書を提出する必要あり

3

9 高額な賃貸用不動産などの贈与を行うには？

賃貸用不動産を子どもに贈与したいけど、贈与税がかなりかかりそうで心配なんだ

それなら、相続時精算課税を活用するのもアリです

相続時精算課税による相続税対策

相続時精算課税によって子どもに贈与した財産は、相続が起こった際、相続財産に足し戻されて相続税が課税されます。従って、単純に現金を贈与しただけでは相続税の節税メリットがありません（前節参照）。しかし、たとえば賃貸マンション等の収益物件を子どもに贈与する場合は相続税の節税メリットがあります。

1億円の賃貸用不動産を成人した子どもに贈与した場合における、暦年課税と相続時精算課税の贈与税額の比較は次の通りです。

▼暦年課税と相続時精算課税の贈与税額の比較

	暦年課税	相続時精算課税	差額
贈与額	1億円	1億円	0円
非課税枠	110万円	2,500万円	2,390万円
贈与税額※	約4,800万円	1,500万円	△約3,300万円

※贈与税額の計算
暦年課税：（1億円 － 110万円）× 55％ － 640万円 ＝ 4,799万5千円（約4,800万円）
相続時精算課税：（1億円 － 2,500万円）× 税率20％ ＝ 1,500万円

1億円の財産を子どもに贈与した場合、暦年課税であれば最高税率55%が適用され、約4,800万円の贈与税を子どもが支払う必要があります。一方で、相続時精算課税を適用した場合にかかる贈与税は1,500万円と、約3,300万円少ない負担で財産を贈与することができます。このように、一度に多額の財産を贈与する場合は、相続時精算課税を使った方が贈与税の支払いを抑えて子どもや孫に財産を移転させることができます。

ただし、相続時精算課税による贈与は、相続開始前3年を超えるものであっても亡くなった際に相続財産に足し戻され、相続税が課税される（つまり、贈与が無かったことになる）点には注意が必要です（前節参照）。

なお、相続税を計算する際、相続時精算課税による贈与で課税された贈与税相当額は相続税額から差し引くことができます。相続税を計算するうえで贈与が無かったことになるのであれば、「相続時精算課税で贈与を行う意味は無いのでは？」と思う方がいるかもしれません。確かに現金の贈与であればその通りです。

しかし、この制度は、「贈与したモノ（賃貸用不動産そのもの）のみの贈与」が無かったこととされます。つまり、贈与した1億円の賃貸用不動産から得られる利益（家賃収入）は、全額贈与を受けた子どもの財産になります。

▼賃貸用不動産から得られる利益は全額贈与を受けた子どもの財産になる

つまり、贈与した賃貸用不動産（①）は相続税の計算時に相続財産に足し戻されますが、家賃収入（②）は相続財産に足し戻されません。したがって、賃貸用不動産を相続時精算課税で子どもに贈与した場合、**賃貸用不動産から得られる家賃収入については相続税・贈与税の負担なく子どもに移転させることができます**。

まとめると、次の通りです。

▼賃貸用不動産 (贈与・家賃収入) から得られる効果

対象	得られる効果
贈与した賃貸用不動産	亡くなった際に相続税がかかる (相続財産に足し戻される) ため、直接的な相続税の節税効果なし
賃貸用不動産から得られる利益 (家賃収入)	贈与税・相続税の負担無く、子どもに財産移転できる

※贈与税の負担は実質0・・・贈与税を贈与時に支払う必要があるが、亡くなった際に、相続税の前払いとして、支払うべき相続税から差し引けるため。

　賃貸用不動産は、一般的に持ち続ければ利益を生むため、生きている間に被相続人の財産がどんどん増えていき、亡くなったときの相続税額も高くなっていきます。ただし、早期に子どもに賃貸用不動産を移転することができれば、被相続人 (親) の財産は増えないため、相続税額の上昇を抑えることができます。

　このように、高額な賃貸用不動産を相続時精算課税で贈与すると、贈与税・相続税トータルで考えた場合の負担を抑えられる場合があります。

不動産を相続時精算課税で贈与した場合の注意点

●不動産取得税と登録免許税が、相続で財産移転した場合と比べて高額

　不動産を贈与によって移転したときは、不動産取得税と登録免許税が課税されます (3-3節参照)。なお、不動産取得税は、相続によって不動産を移転したときは課税されませんが、贈与の場合は課税されます。また、登録免許税は、相続より贈与で移転したときの方が高額です。これは、暦年課税だけでなく、相続時精算課税で贈与した場合であっても変わりません。不動産の贈与を考えるときは、不動産取得税と登録免許税の負担も考慮すると良いでしょう。

●相続時精算課税で孫に贈与した場合の注意点

①財産を相続しなくても相続税の納税義務者になる

　相続時精算課税は、20歳以上などの要件を満たせば孫であっても適用が可能です。ただし、相続時精算課税による贈与を受けた場合は、被相続人から相続又は遺贈によって財産をもらっていなくても相続税の納税義務者となります (特定納税義務者と呼ばれます)。

　暦年課税で孫に財産を贈与した場合、相続又は遺贈によって財産をもらっていなければ相続税の納税義務者となりませんが、相続時精算課税によって財産をもらっ

た場合は、相続税の納税義務者となってしまいます。

②二割加算

　被相続人の子どもが存命であり、孫が代襲相続人となっていない場合には、その孫は相続税の二割加算の対象となります（3-2節参照）。

　この他にも注意点がありますので、賃貸用不動産の贈与を検討する際は、税理士に相談することをお勧めします。

不動産は上物だけの贈与が一般的

　不動産を贈与する場合、①建物部分（上物）のみ贈与し、②土地部分は贈与しない（相続で子どもに移転させる）ケースが一般的です。

▼**不動産の贈与は上物のみが一般的**　　　　　　　　　　　　　　　　　　　3

　なぜなら、土地を贈与しても、家賃収入の子どもへの移転ができないなどのデメリットがあるからです。

　賃貸用不動産から発生する家賃収入は、土地からではなく、建物部分（上物）から発生します。そして、相続時精算課税で不動産を贈与する最大のメリットは、賃貸用不動産から発生する家賃収入を子どもに直接帰属させることです。従って、子どもに贈与を行うのは上物のみでよく、土地を贈与で移転させる必要は一般的に無いと考えられます。

　もし土地を贈与する場合には、不動産取得税や登録免許税が、相続で移転するときより高額になってしまいます。そのため、不動産を子どもに移転させるときは、土地は贈与せず、上物部分のみ贈与することが多いです。

10 未上場企業の オーナーの相続対策で 気を付けることは？

わたしの親が会社を経営していますが、相続についてまだ何も考えていないみたいで困っています…

未上場企業の相続問題は深刻、早く取り組んでもらった方がいいよ

未上場株式の承継は大変、早めに取り組むべし

　未上場株式とは、その名の通り、株式市場に上場されていない株式のことです。上場しているかどうか普段は考える機会が無いと思いますが、日本の会社の99%以上は未上場です。参考に、経済産業省が公表している次のデータをご覧ください。

▼日本の会社

会社 法人形態		企業数	
	合名会社	4,219[*1]	
	合資会社	21,467[*1]	
	合同会社	20,804[*1]	
株式会社	東京証券取引所（第一部）	1,822[*2]	約254万[*1]
	東京証券取引所（第二部）	547[*2]	
	東京証券取引所（マザーズ、ジャスダック、PRO）	1,050[*2]	上場会社 3,553社
	札幌、名古屋、福岡取引所	474[*3]（単独134）	
	非上場会社	約242万[*1～3]	
	その他	66,313[*1]	

＊1 国税庁会社標本調査結果（平成24年度）。
＊2 東京証券取引所、平成26年9月8日現在。
＊3 札幌：平成26年5月2日現在、名古屋：平成26年9月10日現在、福岡：平成26年8月末現在。
出典：経済産業省 平成27年4月23日「「持続的成長に向けた企業と投資家の対話促進研究会」報告書＜別冊（1）＞（PDF形式：5,057KB）」7Pをもとに作成
（https://www.meti.go.jp/committee/kenkyukai/sansei/jizokutekiseicho/pdf/report01_02_00.pdf）

このデータは平成24年度や平成26年における調査結果のため少し古いですが、日本の会社のうち、99%以上が未上場であることがわかります（日本の会社が全体で約254万社あり、うち、上場している会社が3,553社）。これら未上場の会社は上場企業と異なり、株主＝経営者であることがほとんどですので、後継者を探さなければならない等の問題があります。

　また、株式を後継者に移転する際は、贈与税や相続税といった税金が課されますが、これは「株価」によって大きく左右されます。しかしながら、未上場の会社は株式市場における時価がありませんので、株価の算定が容易ではありません。

　まずは、未上場企業のオーナーが保有する未上場株式（取引相場のない株式）に関する相続税評価額（贈与や相続で後継者に株式を移転させる際の税務上の価格）の算定について、簡単にご紹介します。

　株価の評価方法にはいくつものパターンがあり、会社の規模や取引金額などによって算定方法が大きく異なります。ただし、基本的には以下の2通りの方法によって計算が行われます。

3

1. 純資産価額方式（純資産を算定基礎とした株価）
2. 類似業種比準方式（配当、利益、純資産を算定基礎とした株価）

　細かい説明は省きますが、原則として上記1番2番の方法によって株価を算定し、比較を行います。そして計算した結果、低く算定された方の株価を使用します（株価が低く算定された方が、相続税・贈与税がかかる金額が少なくなるため、税金の観点からは株価を低く算定できた方が良い）。

　なお、一般的には2番の計算方法「類似業種比準方式」に着目します。類似業種比準方式では、自社と類似する上場企業の株価を参考とし、会社の配当や利益、純資産を基礎として株価の算定を行います。ここで注目したいのは、会社の配当や利益がいくらあるかによって、株価の評価額が上下する点です。配当や利益については、未上場企業のオーナーであれば通常ある程度コントロールすることができます。したがって、たとえば退職金を支払い利益を減らすことで株価を下げる方法があり、また、配当を出したり減らしたりといったことで株価をある程度操作することもできます。このようにして、一時的に株価を下げたタイミングで子どもに贈与を行うことができれば、少ない税負担で子どもに株式の移転を行うこともできます。

　なお、1番の評価方法「純資産価額方式」は、簡単に言えば亡くなった時における会社の税務上の純資産価額を指しています（B/Sの純資産価額ではありません）。そ

のため、類似業種比準価額が高くなったとしても純資産価額が株価の上限となります（ただし、多くのケースでは類似業種比準価額の方が低く算定されます）。

　言い換えれば、利益や配当などの調整を行い株価を引き下げ、相続税や贈与税がかかる金額を減らせるかが、相続税（贈与税）の節税における株価評価の要と言えます。ただし、利益などの調整は1日2日でできるものではありませんので、数か月にわたって計画を行い、実行する必要があります。そのため、早めに取り組むことが重要です。

相続税対策以外の留意点

　事業承継を行う際は相続税以外にも注意を払う必要があり、たとえば以下の留意点が挙げられます。

● 株式が後継者にわたるよう、整理しておくこと

　株式の保有者が何人もいて株主がバラバラである場合、代表者が亡くなった後、経営権が乗っ取られないように株式集約を行っておく必要があります。代表者の相続をキッカケに、経営者一族の株式保有割合が下がらないように対策を行いましょう。また、生前に後継者に株式を贈与しておくか、遺言書によって、だれに株式を相続させるかハッキリとさせておき、代表者が亡くなった後、株式が経営を行わない親族にわたるのを防ぐことが重要です。

● 株式以外の財産が少ない場合、経営を継がない相続人にのこす財産を用意すること

　財産が株式ばかり（株式以外の財産が少ない）の場合、経営を継がない相続人の遺留分（4-1節参照）を侵害してしまう可能性があります。社長（親）の立場から見れば、「会社を継いでくれる長男に株式をのこすのは当然であり、株式以外の財産を他の兄弟でわけてほしい」と考えていても、長男は、他の相続人から「もらえる財産が少ない」と文句を言われ、遺留分侵害額請求をされてしまう可能性があります。

　そのため、たとえば、経営を引き継がない子どものために配当優先無議決権株式（配当を優先的に受け取れるが、会社の経営における参加権である議決権がない株式）を発行しておく等の対策を行うことが考えられます。

● 借金の整理をしておくこと

　会社に借金がある場合、社長個人の連帯保証がついているケースもあります。相続人が単純承認を行ってしまった場合、会社が借入金を返済できなくなった際に相

続人が返済を求められることになってしまいますので、借金の整理を生前に行っておくと良いでしょう。

　なお、単純承認とは、簡単に言えば亡くなった人の財産や借金をすべて引き継ぐことを指し、民法第920条において、次の通り規定されています。

「相続人は、単純承認をしたときは、無限に被相続人の権利義務を承継する。」

　相続人は、原則として、相続の開始を知った時から3か月以内に家庭裁判所に相続の放棄等を行わなければ、借金を含めてすべて相続することになります（民法第938条、民法第915条第1項、民法第921条第2号）。そのため、借金や連帯保証の整理は、生前に行っておくことが望ましいでしょう。

親族に後継者がいない場合どうすれば良い？

　中小企業庁が公表した、「廃業を考えている理由」という次のアンケート結果があります。

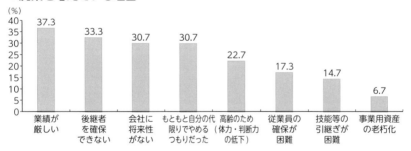

▼廃業を考えている理由

資料：中小企業庁委託「企業経営の継続に関するアンケート調査」（2016年11月、(株)東京商工リサーチ）
(注) 1．複数回答のため、合計は必ずしも100％にはならない。
　　　2．「誰かに引き継ぐことは考えていない（自分の代で廃業するつもりだ）」と回答した者を集計している。
　　　3．「その他」の項目は表示していない。
出典：中小企業庁「2017年版　中小企業白書」をもとに作成

　この結果によると、「後継者を確保できない」が33.3％、「従業員の確保が困難」が17.3％を占めており、およそ半分（50.6％ ＝ 33.3％ ＋ 17.3％）のケースで、子どもが会社を継いでくれない、継いでくれる従業員がいない状態になっています。

このように、身内に後継者がいない場合、最近では第三者承継を検討することも多いです。第三者承継とは、外部の第三者に対して株式を売却したり、或いは、会社の事業の一部を売却するといった方法です。外部の人に会社を売却するのは抵抗がある方も少なくありませんが、子どもが経営を継がずに仕方なく会社を清算させるより、意欲ある起業家に事業を承継した方が、会社の成長や雇用の継続が見込めるかもしれません。また、赤字であっても技術等がある会社であれば、売却できる場合があります。

　なお、経済産業省も雇用や技術の承継を促すため、第三者承継を推進しています。

▼ 事業承継の現状と目標

- 中小企業の休廃業・解散件数は増加傾向であり、2018年は4万6千件と5年前より1万件以上増加。
- このままでは、価値ある中小企業の廃業に歯止めがかからず、地域における雇用や技術も失われるおそれ。
- このため、2025年までに、70歳以上となる後継者未定の中小企業約127万者のうち、黒字廃業の可能性のある約60万者の第三者承継を促すことを目標とする。

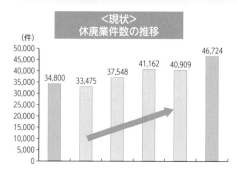

資料：(株)東京商工リサーチ「2018年「休廃業・解散企業」動向調査

平成28年度総務省「個人企業経済調査」、平成28年度(株)帝国データバンクの企業概要ファイルから推計

出典：経済産業省公表：中小企業庁「第三者承継支援総合パッケージ」をもとに作成
(https://www.meti.go.jp/press/2019/12/20191220012/20191220012-1.pdf)

　民間でもこの流れに乗って活動している団体が増えてきており、代表的なところでは、一般社団法人　全国第三者承継推進協会という団体が、第三者承継のサポートを行っています。

この団体は、株式会社バトンズ※1が設立した、日本初、日本最大規模の第三者承継支援団体です。会社の売り手、買い手だけの話し合いでは売買のマッチングが成立しにくくトラブルも起きやすいです。しかし、これらのサービスでは間にアドバイザーが入ってサポートを行ってくれるので、はじめての会社売買でも安心して行える仕組みになっています。

　なお、事業承継は会社の株式を後継者に渡して終わりではなく、会社のノウハウや経営手法などを数年にわたって引き継いでいかなければなりませんので、早めに後継者を決める必要があります。もし後継者がいないのであれば、このような支援団体を活用し、早めに外部の第三者に事業の売却を行うというのも一つの手でしょう。

3

※1　**株式会社バトンズ**：東証一部上場企業の「日本M&Aセンター」の子会社でM&Aプラットフォーム「Batonz（バトンズ）」を運営する会社。ユーザー数80,000人（2020年11月10日時点）。

11 相続税対策は
いつから始めるべきか？

相続税対策って、いつから始めればいいの？

若いうちに、それこそ60代からでも始めた方が良いです

相続税対策はいつから始めるべきか？

　相続税対策は、亡くなってから行うものではありません。

　生前に、かつ、認知症になる前に行う必要があります。相続税の対策方法には、3-4節で解説した通り、生前贈与、不動産の購入などの方法があります。これらの方法は、当然ながら生きているうちにしかできませんが、加えて言えば認知症になる前に行わなければなりません。

　なぜなら、民法第3条の2で、次の通り定められているからです。

「法律行為の当事者が意思表示をした時に意思能力を有しなかったときは、その法律行為は、無効とする。」

　認知症になってしまうと意思能力が認められないため、法律行為に制限がかかってしまいます。生前贈与をできず、遺言書を書くことも、不動産の売買契約を結ぶこともできません。認知症となった方の法的サポートを行うため成年後見人（参照：2-2節）をたてるケースはありますが、後見人は、認知症となった人（被後見人）の財産の管理の役割があります（民法第858条）。そのため、生前贈与については被後見人の財産を減らす行為のため認められず、また、不動産の売却について家庭裁判所の許可が必要になったり、ハードルが高くなります。したがって、相続税対策は認知症になる前に行わなければなりません。

65歳以上の約4人に1人が認知症又は予備軍

　厚生労働省が令和元年6月20日に公表した資料に基づくと、「65歳以上高齢者の約4人に1人が認知症の人又はその予備群」とされており、今後も増加が見込まれています[1]。

　65歳以上の4人に1人が認知症又は予備軍というと、身近に感じられるのではないでしょうか。もちろん、65歳未満の方でも認知症になる可能性があり、70代、80代になれば認知症になる確率はどんどん高くなります。70代、80代になってから相続について考えようと思っていても、認知症になってしまえば対策を行うことができなくなってしまいます。そのため、60代であっても、定年退職し、老後の財産状況に見通しが立ったのであれば、遺言書の作成や相続税の節税などの対策を考えても早すぎることは無いと言えます。

相続税対策は、若いうちに行ったほうが効果が大きい

3

　相続税対策は、若いうちに行った方が節税効果が大きいです。

　たとえば、現金の110万円贈与による相続税対策を行う場合、1年間では110万円しか贈与を行うことができませんが、10年間続けた場合は110万円×10年で1,100万円。20年続けることができれば2,200万円を、相続税・贈与税の負担なく、子どもや孫に移転することができます。このように、相続税対策を始める年齢が若ければ若いほどとれる方法も多く、相続税の節税効果を大きくすることができるため、早めに取り組むことが重要です。

　なお、一度若いうちに遺言書を書いたとしても、歳を重ねてから書き直したいと思った場合には、遺言の撤回を行い、再度書き直すことができます（民法第1022条、民法第1023条第1項）。したがって、60歳、65歳と若いうちに遺言書を書いたからといって、それに必ずしも縛られるということではありません。一度、今の気持ちを整理して仮の遺言書を書き、後からまた書き直せば良いのです。

---

[1]　厚生労働省「認知症施策の総合的な推進について（参考資料）　令和元年6月20日」
(https://www.mhlw.go.jp/content/12300000/000519620.pdf)

条文

民法

（遺言の撤回）

第1022条　遺言者は、いつでも、遺言の方式に従って、その遺言の全部又は一部を撤回することができる。

（前の遺言と後の遺言との抵触等）

第1023条第1項　前の遺言が後の遺言と抵触するときは、その抵触する部分については、後の遺言で前の遺言を撤回したものとみなす。

12 要注意！家族仲を壊しかねない節税方法、養子縁組について

相続税の節税をしたい！

相続税の節税は無条件でできるわけではないし、家族仲が悪くなる可能性もあるから気を付けてね

相続税の節税の基本は、お金に余裕があるかどうか

3

3-4節で述べたように、相続税対策においては、以下の節税方法が王道の方法として挙げられます。

・生前贈与
・生命保険の契約
・不動産の購入等

しかし、これらの方法の欠点として、どれも現金や預金といった「お金」が減ることが挙げられます。したがって、相続税の節税を行う前には現時点で亡くなった場合の相続税額の試算を行って、相続税を支払うことができる余力（お金）があるかを確認します。なぜなら、お金が無ければこれらの節税方法を使うことができないからです。

お金が減らない相続税の節税方法

上記で説明したように、相続税の節税を行う場合、お金を減らす方法が王道です。その一方で、お金が減らない相続税の節税方法も中には存在します。

たとえば、**「養子縁組」**という方法です。この方法は次の節税効果（一例）を生み出すため、高齢の方が自分の孫を自分の養子とする方法（孫養子）を行うことがありま

す（以下の図を参照）。

▼**孫養子**

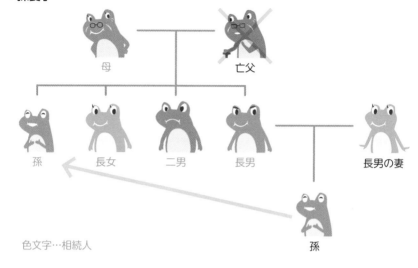

色文字…相続人

●①相続税の基礎控除額が600万円増える

　相続税の基礎控除額は、3,000万円＋600万円×法定相続人の数によって算定されます。したがって、高齢の方が、本来相続人でない自分の孫を自分の養子とした場合においても法定相続人が1人増えることとなり、基礎控除額が600万円増加します。これはつまり、仮に相続税の税率が50％とした場合には、単純計算で300万円（基礎控除額600万円×税率50％＝節税効果300万円）の相続税が減ることと同じですので、大きな節税効果を生み出します。

●②生命保険金の非課税限度額が500万円増える

　被相続人の死亡によって取得した生命保険金等で、その保険料を被相続人が負担していたものは相続税の課税対象となります。しかし、この死亡保険金の受取人が相続人（相続を放棄した人や相続権を失った人は含まれません）である場合、全ての相続人が受け取った保険金の合計額に対し、以下の非課税限度額が設けられています。

$$500 万円 \times 法定相続人の数 = 非課税限度額※$$

※非課税限度額・・・1人当たりではなく、相続人全員が使える非課税限度額の総額

　つまり、養子を1人増やすことによって生命保険金の非課税枠が500万円増えます。よって、生命保険金の非課税枠を最大まで使った場合には、非課税枠500万円×税率分(税率50%の場合は250万円)の節税効果を生み出します。

●③相続税率の引き下げ効果がある

　3-2節で解説した通り、相続税の税率は、法定相続人が、法定相続分に応じて財産を取得したと仮定した場合の財産額に応じて適用される税率が決まります。そのため、養子縁組によって法定相続人が増えると、1人あたりの法定相続分に応じた財産額が少なくなるため、適用される相続税率が大きく下がる可能性があります。よって、財産が多額にある場合、養子縁組を行うことで税率の引き下げ効果(節税効果)が見込まれます。

　このように、養子縁組による節税効果は数百万円以上になることもありますので、うまく活用できれば、お金を減らすことなく大きな節税効果を生み出すことができます。ただし、法定相続人として計算できる養子の数は無制限ではなく、次の制限があります(相続税法第15条)。

1. 被相続人に実の子供がいる場合
　一人まで
2. 被相続人に実の子供がいない場合
　二人まで

　上記の他にも細かいルールがありますが、実の子供がいる家庭において、養子縁組で節税効果を生み出すことができるのは通常一人までと覚えておけば良いでしょう(節税目的で養子縁組を行う場合、通常は上記1番に該当するため)。

3

養子縁組は危険もいっぱい

　「相続税の節税のために孫を養子にすべきか」と言われれば、あまりお勧めはできません。なぜなら、孫が乗り気でなかったり、孫を養子にして相続人が増えることによって、財産の分け方でもめる可能性が高くなるからです。

　先ほどの図のように、被相続人に子どもが何人もいる場合、本来相続人となる方（二男、長女）にとっては、甥や姪（被相続人にとっての孫）が自分の兄弟になることに違和感があるかもしれません。また、相続人が増える（孫が養子になる）ことによって、二男や長女の立場から見れば、「自分がもらえる財産が減ってしまうのでは」という危機感を抱き、争いが起きる可能性もあります。もし養子縁組を行う場合には、遺言書の作成や家族間での話し会いなど、相続税対策の事前、事後にしっかりとケアを行っておくことが重要です。家族の仲は、いくらお金を積まれても買うことができません。相続税の節税を中心に考えるのではなく、家族仲を守ることを優先し、お金に余裕がある場合は節税を考えてみるというスタンスが良いでしょう。

　なお、その他、孫養子は基本的に相続税の二割加算の対象になるという注意点があるため気をつけてください。

13 税務調査って何をどこまで確認されるの？

税務調査って何ですか？

税務署が、財産の申告漏れや申告書に誤りが無いか確認しに来る手続きだよ。聞き込みだけじゃなくて、金庫の中身を見られたりするんだ

税務調査って何？

税務調査というのは、税務署の調査官が、提出した申告書の内容に漏れや誤りが無いか確認しに来る手続きのことを言います。

相続税の税務調査は、国税庁のデータによると、相続税申告のおよそ10件に1件の割合で行われています。一般的には財産額が多ければ多いほど税務調査が来る可能性は高くなりますが、たとえば過去に被相続人が子どもに贈与をしている場合は、その確認のための調査が行われるケースもあり、税務調査の有無は必ずしも財産額によって決まるものではありません。なお、相続税の税務調査は、相続税の申告が終わったあと1年2年ぐらい経過してから来るケースが多いです。

3

▼相続税の調査事績

項目 / 事務年度等	平成 29 事務年度	平成 30 事務年度	対前事務年度比
①実地調査件数	12,576 件	12,463 件	99.1%
②申告漏れ等の非違件数	10,521 件	10,684 件	101.5%
③非違割合 (②／①)	83.7%	**85.7%**	2.1 ポイント
④重加算税賦課件数	1,504 件	1,762 件	117.2%
⑤重加算税賦課割合 (④／②)	14.3%	16.5%	2.2 ポイント
⑥申告漏れ課税価格 (注)	3,523 億円	3,538 億円	100.4%
⑦⑥のうち重加算税賦課対象	576 億円	589 億円	102.4%
⑧ 追徴税額 本税	676 億円	610 億円	90.3%
⑨ 加算税	107 億円	98 億円	91.1%
⑩ 合計	783 億円	708 億円	90.4%
⑪ 実地調査1件当たり 申告漏れ課税価格 (注) (⑥／①)	2,801 万円	2,838 万円	101.3%
⑫ 追徴税額 (⑩／①)	623 万円	568 万円	91.2%

(注)「申告漏れ課税価格」は、申告漏れ相続財産額（相続時精算課税適用財産を含む。）から、被相続人の債務・葬式費用の額（調査による増減分）を控除し、相続開始前 3 年以内の被相続人から法定相続人等への生前贈与財産額（調査による増減分）を加えたものである。よって、「Ⅲ 参考計表」の「1 申告漏れ相続財産の金額の推移」の金額と一致しない。

出典：国税庁「相続税の調査事績 (平成 30 事務年度における相続税の調査等の状況) 2 ページをもとに作成

(https://www.nta.go.jp/information/release/kokuzeicho/2019/sozoku_chosa/pdf/sozoku_chosa.pdf)

　相続税の税務調査が行われた場合、**85.7%** と高い確率で申告書の内容について誤りを指摘されています。税務調査によって財産の申告漏れなどが発覚すると、本来支払うべき税金と、追加で罰金 (加算税) を支払うことになるため、相続税の申告書を作成する際は、税理士に包み隠さず情報を話し、財産の申告漏れが無いようにしなければなりません。

税務調査では何を確認されるの？

　税務調査は、一般的に調査官2名体制、朝から夕方まで1日がかりで行われます。世間話などから相続人に質問を始め、亡くなった方やその家族の生活状況などを探り、調査に必要な情報の収集が行われます。また、金庫の中身の確認や、タンスの引き出しの中の確認を要求されることもあります。ちなみに、税理士に申告書の作成を依頼したとしても、税務調査の中で財産の申告漏れが出てくることも少なくありません。なぜなら、相続人から税理士に伝えていなかった情報や、亡くなった方が妻や子どもにどんな財産があるかを伝えていなかったため、相続人も把握しきれていなかった情報が税務調査の中で出てくることがあるからです。

　特に税務調査で指摘されやすい事項としては、「名義預金」が挙げられます。名義預金とは、簡単に言えば、家族名義の預金口座のうち、実質的に亡くなった方の財産であるものを言います。たとえば、次のような預金です。

名義預金の一例

　・子どもや孫のために預金口座を開設してお金を預けていたが、子どもや孫がその預金口座の存在を知らなかった場合

　・子どもの預金口座を開設してお金を預けていたが、通帳や印鑑の管理を亡くなった親が行っていた場合

　こういった預金は、口座名義が子どもや孫のものであっても、亡くなった親の財産として取り扱われます（つまり、相続税がかかります）。なぜなら、預金口座を親が作っただけであり、贈与が成立していないからです。民法第549条では、「贈与」について、次の通り規定しています。

「贈与は、当事者の一方がある財産を無償で相手方に与える意思を表示し、相手方が受諾をすることによって、その効力を生ずる。」

　親としては「子どもの財産として貯金した」、「子どもに贈与した」という認識であっても、子どもが預金口座の存在を知らなかったり、通帳の管理を親が行っている状況であれば、子どもによる贈与の受諾が行われていないと考えられます。そのため、単に子ども名義の預金口座を作ってお金を預け入れただけでは、その預金は親の財産として扱われ、相続税が課税されます。

3

このような名義預金は相続税の申告で漏れやすく、税務調査の指摘事項として上がりやすい項目です。税務署も様々な確認方法をもっていますが、たとえば、贈与契約書を税務調査が入る直前に偽造したとしても、調査官によって筆跡の確認や印鑑の印影の確認が行われてしまいます。その際、印鑑の空押しで印影が写る場合、最近使用したと推定され、名義預金等の判定を行う際の材料とされることもあります。もちろん、偽造した場合には重加算税といって、特に重い罰金が課せられる可能性がありますので、絶対にやってはいけません。

贈与の事実はハッキリとさせること

名義預金を回避するためには、親族間であっても贈与契約書の作成を行う等、贈与の事実をハッキリとさせることが大切です。

贈与は、「あげた」「もらった」の、両者の意思表示があって始めて成立する契約です。親の死後、贈与に関する証拠がなく、子どもや孫に贈与の説明も行っていない状況では、贈与が成立していることを証明するのはむずかしいでしょう。贈与を行う際は、子どもや孫と話し会いを行い、贈与契約書の作成を行うと良いでしょう。また、預金通帳や銀行印の管理も子どもや孫に行ってもらうことが望ましいです。事前に税理士等の専門家に相談し、ケアしておくと良いでしょう。

14 相続税対策で気を付けなければいけないことはありますか？

相続税対策をしたいけど、気を付けなければいけないことはありますか？

相続税対策を行う場合の注意点をいくつか紹介するね

相続税対策の王道「生前贈与」で失敗しないためのポイント

3

「生前贈与」で失敗しないため、特に気を付けておきたいポイントを2つご紹介します。

●①贈与契約書の作成などをしっかりと行っておくこと

前節で解説した通り、贈与という行為は、財産を「あげた」「もらった」という両者の意思表示があって成立する契約です。したがって、親が子ども名義の預金口座を開設し、勝手にお金を預けていても、それは被相続人の財産（名義預金）として扱われ、相続税が課税される可能性が高いです。また、子どもに知らせずに財産を移転させたとしても、それは「もらった」という受諾がないため、「贈与」が成立しません。

そのため、贈与を行うときは、贈与契約書の作成等、しっかりと証拠づくりを行っておく必要があります。なお、3-7節で110万円贈与のデメリット等を解説していますので、あわせてご確認ください。

●②不動産の贈与を行うなら建物だけにしておくこと

土地や建物のうち、贈与を行うなら建物のみにしておいた方が良い場合が多いです。なぜなら、土地について小規模宅地等の特例を受けられるのは「相続又は遺贈」に限られており、土地を贈与した場合は小規模宅地等の特例の適用を受けることができないからです（租税特別措置法第69条の4第1項）。

また、たとえば賃貸用不動産（貸しアパート等）を子どもに贈与する場合において

も、相続税対策においては、やはり一般的に建物のみを贈与することが望ましいです。なぜなら、不動産の賃貸収入を生み出すのは、土地ではなく居住部分である建物だからです。

　不動産の賃貸収入があると被相続人にどんどん財産が溜まっていき、亡くなる際にかかる相続税も多額になっていきます。そのため、不動産の賃貸収入を生み出す建物を早期に子どもに贈与し、相続税の上昇を抑えるケースがあります。ただし、贈与するのは賃貸用不動産のうち建物だけにしておき、土地は相続で子どもに移転させる方が、税負担が少なくすむことが多いです。なぜなら、3-7節で解説した通り、基本的に相続税より贈与税の方が高いこと、また、3-3節で解説した通り不動産取得税と登録免許税が、相続より贈与の方が多額にかかるという特徴があるからです。

二次相続を考えていないケース（配偶者に財産をわけすぎたケース）

　配偶者が相続によって財産を取得した場合、「配偶者の税額の軽減」によって、1億6,000万円までの金額であれば相続税の負担なく配偶者に財産を遺すことができます。

　これを利用し、相続が起こった際、子どもがいるにもかかわらず、配偶者に全財産を移転させて相続税の支払いを抑えるケースがあります。しかし、その場合、**配偶者がいくら財産を持っているか** も検討すべきポイントです。なぜなら、夫婦ともに高齢であれば、夫もしくは妻が亡くなった後、すぐにその配偶者（妻もしくは夫）が亡くなるという2回目の相続（二次相続）が起こる可能性があるからです。

　相続税は、亡くなった時点の財産が多ければ多いほど多額にかかる税金です。夫が全財産を妻にのこした場合、夫の死亡にかかる相続税は、配偶者の税額の軽減によって生じない（0円）かもしれません。しかし、その後に妻が死亡した場合、妻がもともと持っていた財産に、夫の財産が加わった金額を基準にして、妻の死亡による相続税が課税されます。妻が亡くなったときは、夫の財産＋妻の財産に対して相続税が課税されるため、夫の相続時に相続税が課税されなかったとしても、妻の相続の際（二次相続）に多額の相続税がかかる可能性があります。

　したがって、配偶者が高齢の場合は二次相続まで踏まえ、夫婦2人の相続税のトータルを考えた方が良いでしょう。

孫に遺言で財産を遺すケース

　遺言によって財産を孫に遺す場合、通常、相続税の二割加算の対象になります（相続税法第18条）。二割加算とはその名の通り、相続税の支払いが二割増える取り扱いです。子どもが存命であるにもかかわらず孫に財産を遺贈した場合、世代を飛び越して1回分の相続税の負担を免れることになるため、二割加算の取り扱いによって相続税の負担が増えることになります。したがって、もし孫に財産をのこしたい場合は、亡くなったときに遺言で財産をあげるのではなく、生前にコツコツ贈与を行っておく方が、少ない税負担で孫にお金をわたすことができます。

　ただし、孫にも財産をあげていると、孫がいない子どもから、「私もその分お金が欲しい」と言われたり、老後の生活資金が危うくなる可能性もあります。相続税の節税は、生活資金に余裕がある場合にのみ行うことが重要です。

3

第4章

相続で気を付けるべきこと

遺留分というものがあると聞いたのですが、なんですか？

遺留分減殺請求って言葉も聞いたことあるけど…

民法が変わって、今は遺留分侵害額請求っていうらしいよ

遺言のときに気を付けなければならないことって何がある？

　被相続人の遺言によって、特定の相続人にのみ財産を相続させたり、特定の人の相続財産を増やすことを定めたりすることができますが、その場合には、遺留分制度に留意して、他の相続人の遺留分を侵害しないように配慮することが重要です。まず、遺留分制度とは、遺留分を有する一定の相続人に対し、被相続人が有していた相続財産の一定割合を「遺留分」として、最低限保障する制度です。本来、被相続人は自己の財産を自由に処分することができるはずです。他方で、相続制度は、遺族の生活保障や遺産の形成に貢献した遺族の潜在的持分の清算機能を有しているので、被相続人の財産処分の自由と相続人の利益との調整を図るため、遺留分制度が設けられました。そして、遺留分を有する相続人は、被相続人から相続によって受ける相続利益が、被相続人の遺贈又は贈与の結果、その相続人の遺留分に満たない場合には遺留分が侵害されたとして、その相続人が、受遺者又は受贈者等に対して権利を行使することで、侵害された遺留分を回復することができます。

　遺留分を有する遺留分権利者は、兄弟姉妹以外の相続人であり、(新民法第1042条第1項柱書(旧民法第1028条柱書))、兄弟姉妹には遺留分は認められていません。

そもそも遺留分があると何が請求できるの？

　遺留分の法的性質について、従来は物権的請求権と判例上考えられていましたが、民法が改正されたことにより、遺留分権利者による債権的請求権とされました。物

権的請求権を有しているとされていた遺留分権者は相続財産について共有持分を有しており、他の相続人の相続財産の処分には制限があったところ、債権的請求権のみ有するとされた遺留分権者はあくまで他の相続人に金銭を請求する債権的請求権を持つにとどまり、相続財産を共有しないため、遺留分減殺請求がされることによる他の相続人による相続財産の処分への制限がなくなりました。

　旧民法では、遺留分減殺請求権の効果について、減殺の対象となる遺贈又は贈与の目的財産が特定物である場合には、減殺請求によって、遺贈又は贈与は、遺留分を侵害する限度において失効し、受遺者又は受贈者が取得した権利は、その限度で当然に減殺請求をした遺留分権利者に帰属する（最判昭和51年8月30日・民集30巻7号768頁）こととされていました。すなわち、遺留分減殺請求権は、権利行使によって、裁判所の判決や当事者の協議を要せず、減殺の対象となる贈与又は遺贈が遺留分を侵害する限度で、直ちに失効してその所有権や共有持分権が遺留分権利者に帰属するという物権的効果が生じるものとされていました。遺留分減殺請求権の権利行使により物権的効果が生じる結果、減殺の対象となる遺贈の目的財産が複数ある場合には、遺留分減殺請求権の行使の結果、それぞれの財産について受遺者又は受贈者と遺留分権利者との共有関係が生ずることになりました（旧民法第1034条）。具体的には、遺贈によって自宅を取得した配偶者や事業用の財産を取得した当該事業の承継者は、他の相続人から遺留分減殺請求権を行使されると、その者と共にこれらの財産を共有することとなり、この共有関係を解消するためには、共有物の分割の手続（民法第256条、第258条）等を経なければならず、これでは相続に関する紛争を一回的に解決することが困難であると批判されていました。

　また、たとえば、被相続人が特定の相続人に家業を継がせるため、株式等の事業用の財産をその者に相続させる旨の遺言があったとして遺留分減殺請求権の行使により株式等の事業用の財産が他の相続人との共有となる結果、スムーズな事業承継の障害となる場合があるとの指摘もなされていました。この点、遺留分減殺請求を受けた受遺者又は受贈者には、減殺を受けるべき限度において贈与又は遺贈の目的財産の価額を弁償して返還を免れるという価額弁償権（旧民法第1041条）も存在していましたが、受遺者又は受贈者が返還を免れるためには、現実の価額弁償ないし弁済の提供を要するものとされていました（最判昭和54年7月10日・民集33巻5号562頁）。それゆえ、贈与又は遺贈の目的財産が未公開株式や事業用の財産の評価に争いがあるような場合には、訴訟が終結するまでに一定の時間がかかり、この間、共有関係が解消されなくなるため、会社の意思決定に支障が生じたり、事業用不動産を担保にした資金調達に支障が生じたりするおそれがありました。そこで、このような弊害を解消する

4

ため、新民法では、遺留分減殺請求権について規定していた旧民法第1031条を削除して、第1046条を新設することとし、「遺留分侵害額請求権」として、遺留分権利者が権利を行使することにより、受遺者又は受贈者に対して遺留分侵害額に相当する金銭の支払を請求することができるという金銭債権を取得すると定めました。

遺留分はどうやって算定するの？

遺留分には、遺留分権利者全員の遺留分の総体である**総体的遺留分**と、遺留分権利者が複数いる場合における各遺留分権利者の遺留分である**個別的遺留分**とがあります。総体的遺留分の割合は、直系尊属のみが相続人である場合には3分の1、それ以外の場合には2分の1です（新民法第1042条第1項各号）。そして、個別的遺留分の割合は、上記総体的遺留分の割合に、その遺留分権利者の法定相続分を乗じた割合です（同条第2項）。各ケースを一元的にまとめると次の表のようになります。

▼総体的遺留分と個別的遺留分

相続人	遺留分全体の合計（総体的遺留分）	各相続人の遺留分（個別的遺留分）		
		配偶者	子	直系尊属
配偶者のみ	1/2	1/2	－	－
配偶者と子供	1/2	1/4	1/4	－
配偶者と父母	1/2	2/6	－	1/6
配偶者と兄弟	1/2	1/2	－	－
子供のみ	1/2	－	1/2	－
父母のみ	1/3	－	－	1/3

上記の個別的遺留分に「遺留分を算定するための財産の価額」を乗じたものが、各相続人の遺留分となります。「遺留分を算定するための財産の価額」は新民法第1043条に定められており、

「被相続人が相続開始の時に有した財産の価額」＋「贈与した財産の価額」－「債務の全額」

とされています。なお、旧民法においては、加算の対象となる「贈与した財産の価額」については、相続人に対して生前贈与がなされた場合、負担付贈与がなされた場合、

不相当な有償行為がなされた場合については、明確な規定がなく解釈に委ねられていた点がありましたが、新民法では、これらの点について明文で規定を設け、算定方法が明確化しました。具体的には、一般の贈与については1年前の贈与（ただし、当事者双方が遺留分権利者に損害を与えることについて知っていた場合である、害意のある場合は期間制限なし（新民法第1044条第1項後段、第3項））とされ（新民法第1044条）、相続人に対する婚姻もしくは、養子縁組のため又は生計の資本として受けた贈与に関しては10年前のものが（新民法第1044条第3項）「贈与した財産の価額」に含まれると定められました。

 条文

民法

（共有物の分割請求）

第256条　各共有者は、いつでも共有物の分割を請求することができる。ただし、5年を超えない期間内は分割をしない旨の契約をすることを妨げない。

2　前項ただし書の契約は、更新することができる。ただし、その期間は、更新の時から5年を超えることができない。

（裁判による共有物の分割）

第258条　共有物の分割について共有者間に協議が調わないときは、その分割を裁判所に請求することができる。

2　前項の場合において、共有物の現物を分割することができないとき、又は分割によってその価格を著しく減少させるおそれがあるときは、裁判所は、その競売を命ずることができる。

（遺留分の帰属及びその割合）

旧第1028条　兄弟姉妹以外の相続人は、遺留分として、次の各号に掲げる区分に応じてそれぞれ当該各号に定める割合に相当する額を受ける。

　　　1　直系尊属のみが相続人である場合　被相続人の財産の3分の1
　　　2　前号に掲げる場合以外の場合　被相続人の財産の2分の1

（遺贈又は贈与の減殺請求）

旧第1031条　遺留分権利者及びその承継人は、遺留分を保全するのに必要な限度で、遺贈及び前条に規定する贈与の減殺を請求することができる。

4

（遺贈の減殺の割合）

旧第1034条　遺贈は、その目的の価額の割合に応じて減殺する。ただし、遺言者が
その遺言に別段の意思を表示したときは、その意思に従う。

（遺留分権利者に対する価額による弁償）

旧第1041条　受贈者及び受遺者は、減殺を受けるべき限度において、贈与又は遺贈
の目的の価額を遺留分権利者に弁償して返還の義務を免れることができる。

2　前項の規定は、前条第1項ただし書の場合について準用する。

（遺留分の帰属及びその割合）

第1042条　兄弟姉妹以外の相続人は、遺留分として、次条第1項に規定する遺留分
を算定するための財産の価額に、次の各号に掲げる区分に応じてそれぞれ当該各号
に定める割合を乗じた額を受ける。

　　　1　直系尊属のみが相続人である場合　3分の1

　　　2　前号に掲げる場合以外の場合　2分の1

2　相続人が数人ある場合には、前項各号に定める割合は、これらに第900条及び第
901条の規定により算定したその各自の相続分を乗じた割合とする。

（遺留分を算定するための財産の価額）

第1043条　遺留分を算定するための財産の価額は、被相続人が相続開始の時にお
いて有した財産の価額にその贈与した財産の価額を加えた額から債務の全額を控除
した額とする。

2　条件付きの権利又は存続期間の不確定な権利は、家庭裁判所が選任した鑑定人の
評価に従って、その価格を定める。

第1044条　贈与は、相続開始前の1年間にしたものに限り、前条の規定によりその
価額を算入する。当事者双方が遺留分権利者に損害を加えることを知って贈与をし
たときは、1年前の日より前にしたものについても、同様とする。

2　第904条の規定は、前項に規定する贈与の価額について準用する。

3　相続人に対する贈与についての第1項の規定の適用については、同項中「1年」と
あるのは「10年」と、「価額」とあるのは「価額（婚姻若しくは養子縁組のため又は生
計の資本として受けた贈与の価額に限る。）」とする。

2 相続の対抗要件って何？共同相続における権利承継の対抗要件って？

民法相続法の改正において、共同相続における権利承継の対抗要件について改正があったと聞いたよ

今までと違い相続人も原則登記しなければ権利承継の対抗要件を備えられないことになったらしいよ

相続の対抗要件って何？

　相続人が複数いる共同相続の場合、相続人は、遺贈、遺産分割、相続分の指定等に従い、被相続人の財産や債権等の権利を承継することになります。しかし、共同相続人が、他の共同相続人が相続することになった財産について、第三者に贈与や譲渡等を行い、権利の譲受けをした者がいる場合、この第三者と共同相続人との間で、財産の権利帰属について争いが生じます。この第三者と共同相続人とのどちらが優先するかということが、相続における権利の対抗要件の問題です。この第三者との対抗関係においては、①そもそも当該権利を承継した相続人は対抗要件を備える必要があるか、②対抗要件をどちらが先に備えているかという問題があり、今回の改正は①に関する点について、従前の判例等と異なる立場の改正がなされました。

4

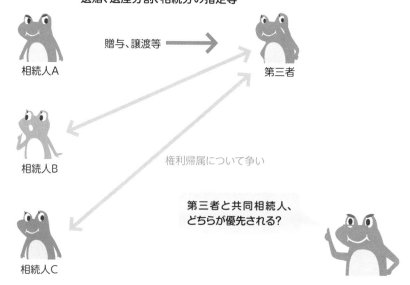

▼相続人が複数いる共同相続

遺贈、遺産分割、相続分の指定等

相続人A

贈与、譲渡等 →

第三者

相続人B

権利帰属について争い

相続人C

第三者と共同相続人、
どちらが優先される?

相続の対抗要件についての従前の判例理論

　民法相続法の改正前、相続による権利承継の対抗力については、包括的に規定する条項がなく、相続の内容に応じて、判例等に解釈が委ねられていました。具体的には、遺贈、遺産分割、相続分の指定等を問わず、相続により権利を承継した者は、法定相続分については対抗要件の具備なく権利を対抗できるとされていましたが、法定相続分を超える部分については、以下のとおり承継の方法によって扱いが異なっておりました。

● (1) 遺産分割及び遺贈による権利の承継

　共同相続人による遺産分割協議を行って相続する権利を定めた場合においては、遺産分割の前後を問わず、権利を承継した相続人と他の相続人から権利を譲り受けた第三者とは、対抗関係に立つとされておりました。また、遺贈も遺産分割による場合と同様に、特定遺贈、包括遺贈どちらであっても、権利を承継した相続人と他の相続人から権利を譲り受けた第三者とは、対抗関係に立つとされていました。

　したがって、遺産分割協議又は遺贈により法定相続分を超える不動産の権利を承継した相続人は、自らが単独での登記を備える前に、他の相続人が法定相続分によ

る共有登記をした上でその法定相続分を第三者に売却し、当該第三者が登記を具備してしまえば、当該第三者に対して権利を対抗できず、その不動産の権利を有効に取得できないことになります。

● (2)「相続させる」旨の遺言

上記とは異なり「相続させる」旨の遺言により特定の権利を承継させた場合について、判例では、下記のように扱われておりました。具体的には、判例（最高裁平成14年6月10日判決・民集206号445頁）において、上記「相続させる」旨の遺言により特定の不動産を承継させた事案では、「特定の遺産を特定の相続人に『相続させる』趣旨の遺言は、特段の事情のない限り、何らの行為を要せずに、被相続人の死亡の時に直ちに当該遺産が当該相続人に相続により承継される。このように、「相続させる』趣旨の遺言による権利の移転は、法定相続分又は指定相続分の相続の場合と本質において異なるところはない。そして、法定相続分又は指定相続分の相続による不動産の権利の取得については、登記なくしてその権利を第三者に対抗することができる」とされました。これは、相続人が法定相続分を超える遺産である特定の権利を相続分の指定又は「相続させる」旨の遺言により、特定の相続人に承継させた場合については、当該権利を相続することになる特定の相続人は対抗要件を具備せずともその権利を第三者に対抗することができることになります。

● (3) 問題点

上記のとおり、同じ相続であっても、取得する方法や遺言の定め方により第三者対抗要件の要否が異なっていました。これについて法定相続分による権利の承継があったと信頼した第三者は、遺言の内容を把握することが困難であることから、不測の損害を被る可能性がありました。相続人にとっても、相続分の指定又は遺産分割方法の指定による相続の場合は、登記なくして権利を第三者に対抗できるため、あえて登記費用を支払ってまで、登記名義を変更する動機付けがなく、登記が放置されてしまう事案が多発しているという問題点がありました。

「相続の対抗要件についての改正点

今回の民法相続法の改正によって、改正民法第899条の2が新設され、「相続させる」旨の遺言も含めて、法定相続分を超える部分の権利の承継については、登記等の対抗要件を備えなければ 第三者に対抗することができないこととなりました。これにより「相続させる」旨の遺言等により承継された財産について、登記なくして第三

4

者に対抗することができるとされていた解釈は見直され、当該新設条文に沿って判断されることになりました。

　また、この民法相続法の改正とあわせて、債権については、法定相続分を超える債権を承継した相続人は、単独で債務者に通知することにより、対抗要件を備えることができる旨定められました。これは判例変更により遺産分割の対象とされるようになった預金債権を念頭に新設された条文です。

条文

民法

（共同相続における権利の承継の対抗要件）

第899条の2　相続による権利の承継は、遺産の分割によるものかどうかにかかわらず、次条及び第901条の規定により算定した相続分を超える部分については、登記、登録その他の対抗要件を備えなければ、第三者に対抗することができない。

2　前項の権利が債権である場合において、次条及び第901条の規定により算定した相続分を超えて当該債権を承継した共同相続人が当該債権に係る遺言の内容（遺産の分割により当該債権を承継した場合にあっては、当該債権に係る遺産の分割の内容）を明らかにして債務者にその承継の通知をしたときは、共同相続人の全員が債務者に通知をしたものとみなして、同項の規定を適用する。

---

3 特別受益者・寄与分って？

共同相続において被相続人から生前たくさん財産を受け取っていた相続人も同じ割合で相続するのは不平等じゃないの

逆に被相続人の生前に被相続人のため頑張った相続人がいる場合、この人を相続について有利にさせてあげないと不平等だと思うよね

特別受益者って何？

　民法では、被相続人の生前に特別受益を受けた共同相続人を特別受益者といい、この受けた特別受益については、共同相続における相続分について考慮されています（民法第903条第1項）。被相続人の生前に被相続人より特別に贈与等の受益を相続分の算定で考慮しなければ、他の相続人との間での不平等が生じることから、これを調整するための制度であり、共同相続人間の実質的平等を図るための制度とされています。

　具体的には、特別受益者は相続分の算定において、相続財産の全体として特別受益を含めて計算し、各自の具体的相続分の計算においてこの特別受益を控除することとされています（民法第903条第1項）。

　この特別受益とされるのは、被相続人から相続人に対して「遺贈」された財産、及び婚姻や養子縁組のため、もしくは生計の資本として「贈与」された財産をいいます（民法第903第条第1項）。したがって、遺贈や養子縁組に伴う贈与のほか、学費や住宅購入のために援助等を受けていた場合は生計の資本として「贈与」されたものとして扱われるので、相続における具体的相続分の計算においてこれらを考慮する必要があることに留意が必要となります。

4

寄与分って何？

　被相続人と共同しての経営に従事してきた共同相続人のように、共同相続人の中に、被相続人の財産の維持又は増加に特別の貢献をした者がいる場合に、このような貢献のない他の共同相続人と同等に取り扱い、法定相続分どおりに被相続財産を分配するのは、実質的に衡平を失することになります。そのような場合において共同相続人間の衡平を図るために、共同相続の場合に、共同相続人のうちに、被相続人の生前に被相続人の財産の維持又は増加について特別な寄与をした者がいる場合は、これを寄与分として考慮する制度があり（民法第904条の2）、これを寄与分といいます。具体的には、相続財産からその者の寄与分を控除したものを相続財産とみなして相続分を算定し、その算定された相続分に寄与分を加えた額をその者の相続分とすることによって、寄与分相当金額についてこの者に有利に具体的相続分を計算することとなっています。

　もっとも、寄与分が遺産分割における相続分の修正要素とされていることから、本条では、寄与分を受けることができる者は相続人に限定されています（民法第904条の2第1項）。すなわち、相続人ではない者（たとえば相続人の配偶者や子、事実上の養子、内縁の配偶者など）は、共同相続人になれず遺産分割にも参加できない以上、自らの寄与分を主張することはできません。

特別寄与料とは

　上記のとおり寄与分は相続人に限られている結果、被相続人の配偶者などの相続人以外の者（子の配偶者など）は、被相続人の介護を尽くしても、相続財産の分配を得ることができず実質的な不公平が生じていると批判されていました。そこで、相続人以外の被相続人の親族が療養看護等により「特別の寄与」をした場合、相続開始後、相続人に対して、その寄与に応じた額の金銭の支払を請求できるという制度（特別寄与者制度）が新設されました。この特別寄与者制度では、被相続人に対して、無償で療養看護その他の労務提供をしたことにより、被相続人の財産の維持又は増加について特別の寄与をした相続人以外の被相続人の親族（特別寄与者）は、相続開始後、相続人に対して、その寄与に応じた額の金銭（特別寄与料）の支払を請求することができることとし（新民法第1050条）、相続人以外の親族の貢献を直接認める制度を設けることにより、実質的な公平を図られることとなりました。

　なお、特別寄与者制度は、単に一定の要件を満たす場合に金銭的な請求を認める

ものであり、対象となる親族に新たな療養看護などについての義務を課すものではないです。

　なお、特別寄与料の支払いのためには (1) **被相続人の親族であること、**(2) **無償で、**(3) **療養看護その他の労務の提供をし、**(4) **これによって、被相続人の財産の維持又は増加について特別の寄与をしたこと**が要件とされています。

　(1)として、被相続人の「親族」であることが定められています。なお、相続人や相続放棄をした者、相続人の欠格事由に該当する者および排除された者は除外されます。なお、民法上、「親族」とは、6親等内の血族、配偶者、3親等内の姻族を指し（民法第725条）、内縁の配偶者や事実上の養子などは、「親族」には該当しません。

　(2)については、無償性は寄与分制度でも当然の要件と解されていましたが、今回創設された特別寄与者制度では、要件として明文化されました（新民法第1050条）。

　さらに、(3)「労務の提供」が要件とされています。これは従前の寄与分制度においては「財産上の給付」「その他の方法」も含む規定となっていることと比較すると、要件が限定されています。療養看護が法令上例示されていますので、事業に関する労務の提供等も「労務の提供」に含まれるといえます。他方で、介護費を負担するような金銭上の給付は含まれないとされる可能性もあります。

4

　(4)「特別の寄与」という要件は、寄与分制度文言が同一です。寄与分制度においては、相続関係を前提として、法定相続分を修正するに値する強い寄与を指し、その者と被相続人との身分関係において通常期待すべき程度の行為含まれないと解されています。

民法

（親族の範囲）

第725条　次に掲げる者は、親族とする。

　　1　6親等内の血族

　　2　配偶者

　　3　3親等内の姻族

（特別受益者の相続分）

第903条　共同相続人中に、被相続人から、遺贈を受け、又は婚姻若しくは養子縁組のため若しくは生計の資本として贈与を受けた者があるときは、被相続人が相続開始の時において有した財産の価額にその贈与の価額を加えたものを相続財産とみなし、第900条から第902条までの規定により算定した相続分の中からその遺贈又は贈与

の価額を控除した残額をもってその者の相続分とする。

2　遺贈又は贈与の価額が、相続分の価額に等しく、又はこれを超えるときは、受遺者又は受贈者は、その相続分を受けることができない。

3　被相続人が前2項の規定と異なった意思を表示したときは、その意思に従う。

4　婚姻期間が20年以上の夫婦の一方である被相続人が、他の一方に対し、その居住の用に供する建物又はその敷地について遺贈又は贈与をしたときは、当該被相続人は、その遺贈又は贈与について第1項の規定を適用しない旨の意思を表示したものと推定する。

（寄与分）

第904条の2　共同相続人中に、被相続人の事業に関する労務の提供又は財産上の給付、被相続人の療養看護その他の方法により被相続人の財産の維持又は増加について特別の寄与をした者があるときは、被相続人が相続開始の時において有した財産の価額から共同相続人の協議で定めたその者の寄与分を控除したものを相続財産とみなし、第900条から第902条までの規定により算定した相続分に寄与分を加えた額をもってその者の相続分とする。

2　前項の協議が調わないとき、又は協議をすることができないときは、家庭裁判所は、同項に規定する寄与をした者の請求により、寄与の時期、方法及び程度、相続財産の額その他一切の事情を考慮して、寄与分を定める。

3　寄与分は、被相続人が相続開始の時において有した財産の価額から遺贈の価額を控除した残額を超えることができない。

4　第2項の請求は、第907条第2項の規定による請求があった場合又は第910条に規定する場合にすることができる。

第1050条　被相続人に対して無償で療養看護その他の労務の提供をしたことにより被相続人の財産の維持又は増加について特別の寄与をした被相続人の親族（相続人、相続の放棄をした者及び第891条の規定に該当し又は廃除によってその相続権を失った者を除く。以下この条において「特別寄与者」という。）は、相続の開始後、相続人に対し、特別寄与者の寄与に応じた額の金銭（以下この条において「特別寄与料」という。）の支払を請求することができる。

2　前項の規定による特別寄与料の支払について、当事者間に協議が調わないとき、又は協議をすることができないときは、特別寄与者は、家庭裁判所に対して協議に代わる処分を請求することができる。ただし、特別寄与者が相続の開始及び相続人を知った時から6箇月を経過したとき、又は相続開始の時から1年を経過したときは、この限りでない。

3　前項本文の場合には、家庭裁判所は、寄与の時期、方法及び程度、相続財産の額

その他一切の事情を考慮して、特別寄与料の額を定める。

4　特別寄与料の額は、被相続人が相続開始の時において有した財産の価額から遺贈の価額を控除した残額を超えることができない。

5　相続人が数人ある場合には、各相続人は、特別寄与料の額に第900条から第902条までの規定により算定した当該相続人の相続分を乗じた額を負担する。

4

第5章 死亡後の相続手続き① 遺産の承継手続き・役所手続き等

1 親が死亡しましたが、まず何をすればいいの？

悲しみに明け暮れている場合じゃないよな

そうそう元気だして

まず死亡届を

死亡届が提出されると、戸籍や住民票から本人が除籍され、死亡の事実が反映されます。相続手続きでは、これらの戸籍謄本や住民票を本人が死亡した事実を証明する書類として使用しますので、期限内の提出を忘れずに行いましょう。

死亡届の流れ

①死亡届とは

死亡届とは、亡くなられた方の死亡の事実を市区町村に届け出ることで、戸籍から抹消するための届出のことをいいます。

②届け出義務者

故人と一定の関係がある者は、死亡届を一定の期間内に市区町村に提出する義務があります。親族、同居人、家主、地主、家屋の管理人、土地の管理人です。届出義務があるのに期間内に届出をしなかったときは5万円以下の過料に処せられます。なお、同居していない親族、後見人、保佐人、補助人、任意後見人も死亡届を提出することができます。

③死亡届の届出期間

届出義務者が死亡の事実を知った日から7日以内です。

④死亡届の届出先

　死亡届は、死亡地、死亡者の本籍地、届出人の住所地のいずれかの土地の市区町村（市役所、区役所、役場）に提出します。死亡者の住所地ではないため、注意が必要です。

⑤死亡届の書式

　死亡届書の書式は、市区町村の戸籍課などで取得可能です。

⑥死亡届の添付書類

　死亡届には、診断書又は検案書の添付が必要です。

ⅰ診断書

　診断書とは、死亡した人の生前からその人を診療していた医師が、その患者が死亡したときに死亡の事実を確認して作成する死亡診断書のことです。

ⅱ検案書

　検案書とは、死体について医師が死亡に関する事実（死因、死期など）を医学的に確認した結果を記載した文書です。

5

葬儀までの流れ

　上記の死亡診断書と死亡届の提出とともに、**死体埋火葬許可申請書**も併せて市区町村に提出しましょう。死体埋火葬許可申請書は、火葬（埋葬）の許可を受けるもので、この申請をすることで、火葬許可証が発行されます。火葬許可証は、故人を火葬することを認めるための自治体の許可証のことで、これがない場合は火葬ができませんので必ず受け取りましょう。

葬儀後にすべきことって？

期限内にしなければいけないこと結構あったよね？　相続放棄とか

早めに財産調査しておくことをおススメするよ

葬儀後のスケジュール

　葬儀後にすべきことはたくさんあり、期限内にしなければいけないものもあります。まずは、遺品整理から少しずつ手を付け、遺言書の有無も確認しておきましょう。資産の内容によっては、相続放棄せざるを得ないケースもありますが、原則、相続開始を知ってから3か月以内に家庭裁判所に申し立てる必要がありますので注意が必要です。戸籍の収集も徐々に始め、相続人が確定したら遺産分割協議を進めていきましょう。さらに、4か月以内には準確定申告、10か月以内には相続税申告がケースに応じて必要です。生命保険へ加入していた場合は、死亡保険金請求も忘れずにしましょう。死亡保険金の請求期間は、一般的に3年以内が多いようです。

期限のあるものに注意

　相続手続きには、期限内にしなければいけない手続きがいくつかありますので、注意が必要です。主に、次の①～④があります。

●① 10日以内に行うこと

年金受給権者死亡届

　年金を受けている方が亡くなった場合、年金を受ける権利がなくなります。年金事務所または年金相談センターで受付が可能ですので、受給権者死亡届の提出を行

い手続き済ませましょう。

●②3か月以内に行うこと

相続放棄・限定承認

　相続の放棄とは、マイナスの財産もプラスの財産も引継ぎませんという選択です。主に、遺産に借金が多い場合に活用しますが、相続放棄をすることで相続人でなくなるのがこの制度です。

　もうひとつ限定承認があります。この制度は、プラスの財産とマイナスの財産どちらが多いかわからない場合に活用します。この制度を活用すると、遺産を調査した結果、プラスの財産よりマイナスの財産が多かったとしても、その分を相続人が返済する義務を負わないとする制度です。相続の放棄・限定承認は、自己のために相続の開始があったことを知った時から3箇月以内に家庭裁判所に申し出ることによって行います。この期間を過ぎると、通常通りの相続で確定となりますので、相続放棄・限定承認ができないということになりますので注意が必要です。

●③4か月以内に行うこと

準確定申告

　年の中途で死亡した人の場合は、相続人が、1月1日から死亡した日までに確定した所得金額及び税額を計算して、相続の開始があったことを知った日の翌日から4か月以内に申告と納税をしなければならないとされています。これを準確定申告といいます。被相続人に、事業所得、不動産所得などの所得が20万円以上あった場合に必要となりますので、忘れずに手続きをしましょう。

●④10か月以内に行うこと

相続税申告（6-2節参照）

期限がないけど早めに行いたい手続き

　次の①～⑤のような手続きがあります。

●①自筆証書遺言の調査

　自筆証書遺言は、封がされていた場合、開封せずに家庭裁判所で検認の手続きが必要です。検認の前に開封した場合、5万円以下の過料となりますので注意が必要です。公正証書遺言の場合は、公証役場に問い合わせてください。

5

●②財産目録作成

遺品整理をする上で、不動産や銀行預金、有価証券などの財産、銀行からの借入などを調査し、財産目録にまとめましょう。遺産分割協議や確定申告の際などに必要です。

●③相続人調査

戸籍を取り寄せて、被相続人の出生から死亡までの親族関係を調べましょう。相続人が行方不明だったり、未成年者や認知症などの場合は、代理人などの選任が必要になります。

●④遺産分割協議

相続人が確定したら、遺産分割協議を済ませましょう。遺産分割協議に期限はありませんが、相続人全員で行う必要があるため、時間がかかるケースもあります。一堂に会する必要はありませんが、なるべく早く済ませたいところです。協議がまとまったら、遺産分割協議書を作成します。

●⑤名義変更・各種解約

ケースに応じて、名義変更や各種解約が必要となりますので、漏れのないように手続きを済ませましょう。以下は、よくあるリストをまとめています。

- ・不動産名義変更　地方法務局
- ・預貯金の名義変更
- ・自動車所有権の移転
- ・クレジットカードの解約
- ・各種公共料金の名義変更
- ・パスポート
- ・携帯電話の名義変更、解約
- ・運転免許証の返却

3 お墓じまいやお墓の引っ越し（改葬手続き）はどうやってするの？

葬儀や法要がひと段落したので、そろそろ「納骨」を考えなきゃ。でも先祖代々のお墓は田舎の実家にあるんだよなぁ。今後、お墓参りに行ったり、ちゃんと管理したり、自分や次の世代がちゃんとできるか不安だな

最近では、「お墓を撤去して永代供養」を選択したり、祭祀承継者の住所地の近くの墓地へ移したりする「改葬手続き」が増えているみたいだよ

「墓じまい」や「納骨」について

　一般的に、火葬したあとの「お骨（焼骨）」をお墓に収蔵することを「納骨（のうこつ）」と言います。海外では「土葬」されることも珍しくありませんが、日本では99.9%が「火葬」による方法で行われています[1]。そして火葬した後残ったお骨（焼骨）を拾うことを「拾骨（しゅうこつ）」と言います[2]が、その拾ったお骨をどのように保管していくか（供養していくか）が問題となります。

　骨壺（骨箱）に入れ、お仏壇等の近くにご自宅で保管すること（「手元供養」と呼ぶことがあります。）も禁止されていませんが、一般的には「墓地」の利用を申し込み、その「墓地」の使用権に基づいて「墓石」を建て、そこに保管することがまだまだ主流となっています[3]。なお、墓地は誰が運営・管理しているかによって、以下の①〜③に分類することが可能です。

5

---

[1] 「墓地、埋葬等に関する法律」の規定では「火葬」と「埋葬（土葬）」が認められ、船員法という法律で船上から行う「水葬」が認められています。

[2] 「拾骨」することは義務ではないため、火葬場にて「拾骨しない」ことを希望することもできます。その場合は、「納骨」や「お墓」の問題は生じないこととなります。

[3] それぞれの信仰する宗教や宗派によって供養に関する考え方や方式は異なりますので、当該記載とは一致しない場合があります。異なる場合でもご容赦下さい。

墓地の管理者（運営者）による墓地の種類

①寺院墓地…お寺さんの敷地内に存在する墓地です。

②公営墓地…市区町村等の地方公共団体や公的機関が運営する墓地です。

③私営墓地…地縁団体（町内会等）や民間企業が運営する墓地です。

　このようにして先祖代々の立派な「お墓」があっても（新たに用意しても）、きちんと管理する人（墓地使用権の承継者）がいなくなってしまっては、結果的に「無縁仏」になってしまうことがあります。昨今では、このような事態を避け、「ご先祖様をきちんと供養していきたい」という想いから、「墓じまい」をする方が増えています。なお、「お墓じまい」は一般的な用語ですが、お墓を移転させることを「改葬（かいそう）」と呼び、法律によって行政手続きが必要とされています。

「墓じまい」に関する基礎知識

　まず「お墓」に関する基礎知識から解説します。お墓については、「墓地、埋葬等に関する法律（昭和23年5月31日法律第48号）」に様々な規定があります。

　この法律の第2条第3項にて、「「改葬」とは、埋葬した死体を他の墳墓に移し、又は埋蔵し、若しくは収蔵した焼骨を、他の墳墓又は納骨堂に移すことをいう。」と定義されており、同法第5条にて「埋葬、火葬又は改葬を行おうとする者は、厚生労働省令で定めるところにより、市町村長（特別区の区長を含む。以下同じ。）の許可を受けなければならない。」と定められています。つまり、「墓じまい」をするには、墓地埋葬法の規定に従い、市区町村（保健所が管轄していることが多いです）への「改葬許可申請」が必要となります。具体的な手続き方法は「墓地埋葬法施行規則第2条」に規定されていますが、市区町村役場のHPから申請書等は入手できます。

条文

墓地、埋葬等に関する法律施行規則

第2条　法第5条第1項の規定により、市町村長の改葬の許可を受けようとする者は、次の事項を記載した申請書を、同条第2項 に規定する市町村長に提出しなければならない。

　　1　死亡者の本籍、住所、氏名及び性別（死産の場合は、父母の本籍、住所及び氏名）

　　2　死亡年月日（死産の場合は、分べん年月日）

3　埋葬又は火葬の場所

　　4　埋葬又は火葬の年月日

　　5　改葬の理由

　　6　改葬の場所

　　7　申請者の住所、氏名、死亡者との続柄及び墓地使用者又は焼骨収蔵委託者（以下「墓地使用者等」という。）との関係

2　前項の申請書には、次に掲げる書類を添付しなければならない。

　　1　墓地又は納骨堂（以下「墓地等」という。）の管理者の作成した埋葬若しくは埋蔵又は収蔵の事実を証する書面（これにより難い特別の事情のある場合にあつては、市町村長が必要と認めるこれに準ずる書面）

　　2　墓地使用者等以外の者にあつては、墓地使用者等の改葬についての承諾書又はこれに対抗することができる裁判の謄本

　　3　その他市町村長が特に必要と認める書類

改葬許可申請の手続きの基本的な流れ

改葬許可申請の手続きの基本的な流れは次の①～⑥のようになります。

●①お墓の移転先の確保

まずは、移転先となるお墓の準備を行いましょう。最近では、「墓地」を持たず、利便性の高い都市部の「納骨堂」や「永代供養」も増えています。

●②現在の墓地使用契約の確認

今ある墓地（墓じまいをする墓地）の「使用契約」について、解約手続き上の制約がないかを確認をしましょう。墓地返還時の制約として多いのは、「撤去を行う工事業者の指定」及び「撤去費用に係る金額の指定」です。これらの規定がない場合は、墓石業者を自ら探したり、墓地の管理者から紹介してもらったりして選定を行います。

●③墓石撤去業者の選定・見積もり取得

墓石の撤去業者を選定した後は、現地を確認してもらってから、墓石の撤去・処分及び原状回復に掛かる「見積書」を取得しましょう。口頭ではなく書面でもらっておくことが報酬トラブルを防ぐコツの1つです。また、撤去後に関する墓石の処分方法についても確認しておくようにしましょう。過去に、撤去後の墓石が山中に不法投

5

棄されていた全国ニュースもありました。なんとも罰当たりですね。

●④「改葬許可申請書」に、墓地管理者から「埋蔵証明印」を取得

改葬許可申請書は墓地のある市区町村を管轄する保健所でもらう又は市役所等のホームページから入手できます。申請書内に現在の墓地を管理する寺院等から、「証明」を頂く所があるので、現在の墓地管理者へ依頼して、記名押印をしてもらいます。なお、墓地管理者によっては、独立した「埋蔵証明書」を発行してくれる場合もあります。

●⑤申請し、無事に「改葬許可証」が得られたら、「閉眼供養」を手配

一般的には、いきなり撤去工事に入るのではなく、お付き合いのあるお寺さん等へ依頼して「閉眼供養（精抜き）」を行います。なお、墓石の撤去工事は閉眼供養の直後（同日）に行うことが多いですが、供養だけ先に済ませておくことも珍しくはありません。

●⑥お骨を取り出し、新しい墓地へ納骨する（完了）

墓石撤去工事の際に（墓石を撤去することなく、お骨が取り出せる構造の墓地もあります。）、仏様のお骨を墓地から取り出します。この時に、「骨壺」に入っていない状態で土と混ざっている状態の場合も多く、場合によっては移転先がそのままの状態で受け入れてくれないケースもあります。どのような状態で納骨してもらえるのか、移転先へ事前に確認しておきましょう。

条文

墓地、埋葬等に関する法律（昭和23年5月31日法律第48号）

第1章　総則

第1条　この法律は、墓地、納骨堂又は火葬場の管理及び埋葬等が、国民の宗教的感情に適合し、且つ公衆衛生その他公共の福祉の見地から、支障なく行われることを目的とする。

第2条　この法律で「埋葬」とは、死体（妊娠四箇月以上の死胎を含む。以下同じ。）を土中に葬ることをいう。

2　この法律で「火葬」とは、死体を葬るために、これを焼くことをいう。

3　この法律で「改葬」とは、埋葬した死体を他の墳墓に移し、又は埋蔵し、若しくは収蔵した焼骨を、他の墳墓又は納骨堂に移すことをいう。

4　この法律で「墳墓」とは、死体を埋葬し、又は焼骨を埋蔵する施設をいう。

5　この法律で「墓地」とは、墳墓を設けるために、墓地として都道府県知事の許可を
うけた区域をいう。

6　この法律で「納骨堂」とは、他人の委託をうけて焼骨を収蔵するために、納骨堂と
して都道府県知事の許可を受けた施設をいう。

7　この法律で「火葬場」とは、火葬を行うために、火葬場として都道府県知事の許可
をうけた施設をいう。

第2章　埋葬、火葬及び改葬

第3条　埋葬又は火葬は、他の法令に別段の定があるものを除く外、死亡又は死産後
24時間を経過した後でなければ、これを行つてはならない。但し、妊娠七箇月に満た
ない死産のときは、この限りでない。

第4条　埋葬又は焼骨の埋蔵は、墓地以外の区域に、これを行つてはならない。

2　火葬は、火葬場以外の施設でこれを行つてはならない。

第5条　埋葬、火葬又は改葬を行おうとする者は、厚生労働省令で定めるところによ
り、市町村長（特別区の区長を含む。以下同じ。）の許可を受けなければならない。

2　前項の許可は、埋葬及び火葬に係るものにあつては死亡若しくは死産の届出を受
理し、死亡の報告若しくは死産の通知を受け、又は船舶の船長から死亡若しくは死産
に関する航海日誌の謄本の送付を受けた市町村長が、改葬に係るものにあつては死
体又は焼骨の現に存する地の市町村長が行なうものとする。

第6条及び第7条　削除

第8条　市町村長が、第5条の規定により、埋葬、改葬又は火葬の許可を与えるとき
は、埋葬許可証、改葬許可証又は火葬許可証を交付しなければならない。

第9条　死体の埋葬又は火葬を行う者がないとき又は判明しないときは、死亡地の
市町村長が、これを行わなければならない。

2　前項の規定により埋葬又は火葬を行つたときは、その費用に関しては、行旅病人
及び行旅死亡人取扱法（明治32年法律第93号）の規定を準用する。

（第3章以下、省略）

銀行（金融機関）の預貯金口座の相続手続きの流れや注意点は？

故人名義の通帳があるんだけど、勝手に引き出して問題ないのかな？　何か注意点はあるのだろうか？

勝手に引き出すことは相続人間のトラブルになりかねないし、ちゃんとした「相続手続き」をした方が良いみたいだよ。様々な注意点もあるみたい

「口座凍結」と「勝手に引き出すこと」のリスク

　亡くなられた方（被相続人）の遺産の中で、不動産と並び、最も一般的と言えるのが「預貯金」ではないでしょうか。ここでいう「預貯金」には、「普通預金」「当座預金」「定期預金」「通常貯金・定額貯金（※ゆうちょ銀行の場合）」など、その名称の如何を問わず、銀行等への預け入れ資産の返還請求権をいうものとします（預貯金以外の株式及び未受領配当金等の相続手続きについては、別項目にて説明します）。

　この「預貯金」に関して、金融機関が預金者が死亡したという情報を得ると、取引の安全のために入出金が出来なくなります。これを一般的には「口座凍結」と言います。マイナンバー制度の運用が本格化していない本著執筆現在においては、死亡届出が役所に提出され、受理されたからと言って、自動的に預貯金口座が凍結されることはありません。つまり、「口座凍結」がされるまでの間では、暗証番号さえ知っていれば、故人の「キャッシュカード（※発行されている場合）」を用いて、事実上、預金の引き出しが可能となります。相続手続きの実務上、正式な相続手続きを経ずに、このような方法で預金を引き出しされる方がいらっしゃるのは事実ですが、以下の点から推奨できません。

勝手に引き出すことで生ずる様々なリスクの例

①相続人が複数いる場合には、預貯金債権も遺産分割対象となる（平成28年12月19日最高裁大法廷決定）ため、承諾を得ていなかった場合に相続人間トラブルに繋が

りかねない。

②たとえ相続人全員の承諾を得ていたとしても、暗証番号を知っていることで生前にどのように故人の財産が管理されていたかといった不信を抱かれやすい。

③金融機関が個々に定める預貯金口座の「規約（取引約款）」に反する恐れが高い。

等

　そのため、以下で記述するように、各金融機関が定める「正式な相続手続き」を経る必要があります。なお、手続きに用いる様式や記載方法については、「各金融機関で異なる」ため、1つ1つの金融機関に確認しながら進めていく必要があります。以下では、一般的な例として流れをご紹介いたします。

（一般的な）預貯金口座の相続手続きの流れ（5ステップ）

　一般的な預貯金口座の相続手続きは次の①～⑤のような流れになります。

●①各金融機関へ相続が発生した旨の電話連絡（口座凍結依頼）

　お手元に通帳があれば、通帳の1枚目（表紙裏）に支店名と電話番号が書いてあります。金融機関によっては「相続事務センター」等の名称を用いて、相続手続きの専門部署がありますが、まずは取引のある支店へ電話連絡しましょう。この際に、金融機関が死亡の事実を知ることで「口座凍結」となります。重要な「口座引き落とし」がある場合は、口座が凍結されてしまう前に、それらの契約の「引き落とし（振込）口座の変更」手続きを相続人にて早めに済ませておきましょう。

●②相続手続き書類の受領及び残高証明書等の取得

　郵送で「相続手続きセット」をご自宅へ送付してもらえる金融機関も多いですが、「まずは説明のために支店に来て欲しい」という金融機関もあります。いずれにせよ、相続手続きで必要な書類等を確認するため、所定の手続き用紙や案内を取得するところからスタートします。この際、相続開始日現在の「残高証明書」を合わせて請求するようにしましょう。この残高証明書の発行依頼により、金融機関は故人名義の取引を全て調査（名寄せ）してくれるため、「遺産の把握漏れ」の発生を防ぐことができます（もっとも、相続手続きの実務においては、金融機関側で残高証明書への記載漏

れや金額の転記ミスが稀に発生することがあります)。

　なお、「ゆうちょ銀行」では「残高証明書」の発行依頼だけでは「名寄せ」にならないため、別途、同時又は先行して「貯金等照会書」の提出 (調査依頼) が必要になりますので、特に注意しましょう。信用金庫及び農業協同組合 (JA) などでは「預貯金」以外に「出資金」があり得ることも要注意です。

●③相続人調査 (戸籍謄本等の収集)

　金融機関手続きは、大きく「有効な遺言書又は遺産分割協議書がある場合」と「そうでない場合 (遺言書が無く、遺産分割協議書も作成していない場合)」に分かれています。有効な遺言書がある場合には金融機関への提出を省略できることもありますが、基本的には「(相続人を明らかにするために必要な) 被相続人の死亡から出生まで遡る戸籍謄本・除籍謄本・改製原戸籍謄本」及び「相続人全員の戸籍抄本」が求められます。本籍地を転々としているケースや遠方に本籍地がある場合は、戸籍謄本等の収集に時間を要しますので、予め収集しておくと良いでしょう。なお、法務局の「法定相続情報証明制度」を活用し、法務局の確認が済んでいる「法定相続情報一覧図」があれば、戸籍謄本等の原本を金融機関へ提示することは省略できます (もちろん一覧図作成の段階で戸籍謄本等の原本の法務局提出が必要なので、収集自体は必要になります)。

●④相続手続き書類の提出 (承継方法の指定)

　遺産分割協議書や有効な遺言書が「ない」場合は、各金融機関所定の手続き用紙に「相続人全員」が署名捺印 (実印＋印鑑証明書の添付) を行う必要があります。相続手続き書類自体は「持ち回り」で完成させれば足りるため、相続人全員が一度に金融機関へ足を運ぶ必要まではありません。なお、金融機関によっては遺産総額が少額な場合は、提出書類の軽減や代表相続人が一人で手続きができるなど、緩和措置もあります。

　なお、遺産分割協議書や有効な遺言書が「ある」場合は、その内容に従っている限り、承継者とされた相続人が「単独で」相続手続きを行うことが可能です。例えば、ABCDの4名が相続人であり、4名全員が参加した「遺産分割協議書」にて、Bが単独でX銀行の預貯金を承継すると合意された場合、その遺産分割協議書にABCD全員の実印捺印及び印鑑証明書の添付があれば、X銀行所定の手続き用紙へは、Bのみが署名捺印すれば足りるということです (※有効な遺言書がある場合は、相続人全員

が実印を捺印することがないため、当然に印鑑証明書は不要となります)。

　承継方法については、「解約（換金）」か「名義変更」の2つの方法があります。預金種目によっては、どちらか一方しか選択できないという取り扱いもありますが、例えば「定期預金」については、「解約」を選択した場合に、「満期前の中途解約」扱いとされ、当初定められていた「優遇金利が適用されない」等の問題が生じる場合もあるため、承継方法の選択には注意が必要です。筆者は10年以上相続手続き実務の支援を行っておりますが、多いときは5万円以上の利息差が発生するときがありました（元本が大きく、預入期間がバブル時代で高金利だった場合です）。

●⑤承継手続き完了

　最後に、金融機関から解約後の無効処理がされた通帳や預金利息計算書などを受領し、ちゃんと承継できているかを確認して手続き終了となります。余談になりますが、金融機関によっては、相続された方々に対して「投資信託」や「生命保険」等の金融商品の営業があると思いますが、中には相続資産として特別に優遇されている場合もあるため、面倒でなければ聞いてみても良いかもしれません（リスク性のある投資は自己責任ですので注意しましょう）。

5

預貯金口座の相続手続きを行う際の注意点やポイント

　預貯金口座の承継手続きを行う際の注意点は、以下の通りです。

①「休眠口座」等の漏れがないように、残高証明書の発行を依頼し、「名寄せ」をしてもらう。特にゆうちょ銀行では「貯金照会」が必要なため要注意。信用金庫などでは「出資金」の有無も確認しましょう。

②連絡すると「口座凍結」されるため、重要な契約の「引き落とし（振込先）口座」になっている場合は、先に又は並行して引き落とし先口座の変更手続きを行うように注意すべきです。

③承継方法の選択によっては「解約」と「名義変更」の利息差が生じる場合もあります。財産の種類によっては、承継方法が限定される場合もあるため注意すべきです。

④戸籍謄本等は基本的な添付書類となるため、予め集めておくとスムーズです。なお、「法定相続情報証明制度」を活用すると金融機関での待ち時間が短くなるため、余分な手間はあるものの、金融機関が多い場合は推奨（金融機関側での戸籍謄本等のチェックが省略されるため）します。

⑤金融機関によっては、相続人の代表者1名にしか送金（解約金の振込み）できないなどの「特殊な制限」が定められていることもあるため、遺産分割協議書の作成段階から承継手続き方法を並行して確認することを推奨します。

　上記のほか、各金融機関において、「担当者が相続法や相続手続きを熟知していないことによる案内ミス」が発生することもしばしばあります。何かおかしなことを言っているなと感じた場合は、預貯金債権に係る承継手続きが豊富な専門家へ相談されると良いでしょう。

コラム

（遺産分割前における）預貯金の払い戻し制度とは？（相続法改正）

　2019年7月1日に施行（一部を除く）された改正民法（相続法）において、「預貯金の払い戻し制度」が新たに創設されました。この規定は、施行日前に開始した相続に関し、施行日以後に預貯金債権が行使されるときにも、適用されます。

　この制度は、遺産分割協議「前」において共有状態にある預貯金債権について、相続人のうち1人が「単独」で部分的に承継手続きが出来るようにし、また家庭裁判所の「保全処分」がされやすくなった制度です。

　次の図の通り、例えば法定相続分が「6分の1」の相続人であれば、法定相続分「6分の1」×「3分の1」＝「18分の1」まで払い戻しを請求することができるのです（但し、1つの金融機関につき150万円が限度）。

　当該制度は、「預貯金債権の債務者」（すなわち金融機関）ごとに「150万円」が限度であり、かつ法定相続分の3分の1以内（口座基準）という制限があるものの、相続人間で係争中など遺産分割協議に時間を要する事情がある状況下において、すぐにお金を必要とする事情がある場合においては、有益な制度となります。

▼改正によるメリット

遺産分割における公平性を図りつつ、相続人の資金需要に対応できるよう、預貯金の払戻し制度を設ける。

(1)預貯金債権の一定割合（金額による上限あり）については、家庭裁判所の判断を経なくても金融機関の窓口における支払を受けられるようにする。

(2)預貯金債権に限り、家庭裁判所の仮分割の仮処分の要件を緩和する。

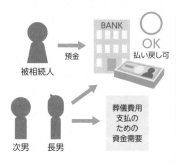

出典：法務省パンフレットをもとに作成
(http://www.moj.go.jp/content/
001318075.pdf)

(1)家庭裁判所の判断を経ずに払戻しが受けられる
制度の創設

遺産に属する預貯金債権のうち、一定額については、単独での払戻しを認めるようにする。

（相続開始時の預貯金債権の額（口座基準））×1／3×（当該払戻しを行う共同相続人の法定相続分）＝単独で払戻しをすることができる額

（例）預金600万円　→　長男　100万円払戻し可

※ただし、1つの金融機関から払戻しが受けられるのは150万円
まで。

(2)保全処理の要件緩和

仮払いの必要性があると認められる場合には、他の共同相続人の利益を害しない限り、家庭裁判所の判断で仮払いが認められるようにする。（家事事件手続法の改正）

5

5 「保険金」を受け取る手続きはどうしたらいい?

故人が持っていた「保険証券」があるけど、どうしたらよいのかな?

保険契約の種類や死亡事由によって、保険金が請求できるもの、保険金は請求できなくとも、保険契約自体を承継するものがあるみたいだよ。あと「遺言書」で保険金受取人が変更されている場合は特に注意が必要なんだって

「保険」契約の種類

　故人の遺品整理や財産調査をしていると、「保険証券」が見つかる場合があります。一口に「保険」と言っても、その契約内容は様々です。次の表を参考に、まずは保険証券を見て、その種類が何かを整理してみましょう。

▼主な保険契約の種類

分類名	主な保険事由	保険契約の例
①生命保険	被保険者が死亡したとき 余命宣告を受けたとき (特約)	養老保険・学資保険 終身保険・定期保険 個人年金保険　　　　　等
②医療保険	入院やケガをしたとき 事故によって死亡したとき	傷害保険・(狭義) 医療保険 がん保険・介護保険　　　等
③損害保険	財産が損害を受けたとき	火災保険・地震保険 自動車保険　　　　　　等

　上記のうち、それぞれの確認すべき点・注意すべき点は次の通りです。

●①生命保険

生命保険契約には、「契約者」「被保険者」「保険金受取人」の3名が登場します。このうち、「被保険者」が亡くなった場合に、死亡保険金を請求することができますので、まずは「被保険者が故人か否か」を確認しましょう。

次に、「保険期間」を確認しましょう。これは「保険金の支払期間」とは異なるため、注意が必要です。「保険期間」が「終身」となっていれば問題ありませんが、「●年●月●日まで」のように期限が定められており、亡くなった日がその期限後であれば、保険金が請求できない可能性があります。もっとも、いろいろな保険契約があるため、部分的には請求が可能なケースなどもありますので、保険証券だけで判断せずに、保険会社へ連絡して慎重に確認することが重要です。

また、被保険者は故人になっておらず、「契約者」が故人の場合は、原則として「保険契約の承継手続き」が必要です。遺産分割の対象にもなるため、「解約返戻金相当額証明書」を保険会社から送付してもらったうえで、相続人のうち誰が承継するかを協議（又は遺言書で承継）するようにしましょう。

最後に、「被保険者」も「契約者」も故人名義ではなく、「保険金受取人」だけが故人名義となっているケースです。この場合は、契約者（※故人ではない場合）が受取人変更の手続き（保険契約内容の変更）を行う必要があります。この手続きを行わない場合は、多くの保険会社が約款にて「法定相続分」を基準に分配することとしているため、異なる指定をしていた場合は要注意です。本来の保険契約の目的を達成できない場合は解約という選択肢もあるでしょう。

5

▼生命保険の手続き方法まとめ

	事例①	事例②	事例③
契約者	故人	故人	第三者
被保険者	故人	第三者	第三者
保険金受取人	第三者	故人又は第三者	故人
手続きの内容	死亡保険金の請求	保険契約の承継	受取人の変更

※特約等の付帯により、複雑な契約内容となっているケースがあるため、必ず保険会社へ連絡して確認することが必要です。

●②医療保険

　医療保険契約は、「第三の保険」や「第三分野」とも言われる保険契約です。前述した生命保険契約に「医療保険特約」として付帯するケースもありますので、保険証券を見て確認することが必要です。相続手続きの場合に、これらが問題となるのは、「亡くなられる前に行っていた手術や入院で、まだ請求手続きを行っていないもの」がある場合です。「未受領（未請求）保険金」と呼ばれ、死亡保険金とは異なり、「債権」として「遺産分割協議の対象」となります。なお保険契約の内容によっては、「入院」しても4日目以降にならないと保険金発生事由にはならなかったり、「手術」といってもがん（悪性新生物）のみが対象だったり、「先端医療」は対象外だったりするため、保険会社に連絡して慎重に確認することが必要です。

　なお、疾病（病気）ではなく、「ケガ」や「事故」、「災害」の場合に保険金発生事由となる「傷害保険」においては、これらの事由に該当しなければ保険金はもらえません（その他の特約がある場合は除く）。病気に備える「（狭義の）医療保険」は一般的に持病があったり、3～5年以内に手術・入院歴があったりすると加入を断られるケースがありますが、このような方であっても「傷害保険」は加入しやすく、また保険料も安い（疾病の可能性よりもケガや事故の可能性の方が少ないため）という特徴があります。

●③損害保険

　最後は、「損害保険」です。これは前述した「①生命保険」と「②医療保険」とは異なり、「財産」に対する損害を補償する保険契約です。最も当てはまるケースは、故人が自宅家屋に「火災保険」を掛けているケースです。「死亡」は保険金発生事由ではないため、原則として「保険契約の承継手続き」を行うこととなります。なお、実務的には、保険契約によって保険期間が1年～5年ごとの更新タイプのものもありますので、変更手続きではなく、満期終了を期に相続人名義で新規契約を締結することもあります。

　この「損害保険」は一般的には「掛け捨て」であることが多いですが、「建物更生共済契約（JA）」など積立てタイプの損害保険もありますので、保険会社に確認し、必要に応じて「解約返戻金相当額証明書」を発行してもらうようにしましょう。

具体的な請求手続き3ステップ

①保険会社又は保険代理店へのご連絡

　前述したとおり、様々な契約タイプがありますので、保険金がもらえるか否かの自己判断は少々危険です。保険証券に記載のあるコールセンターへまずは連絡するようにしましょう。なお、保険会社ごとにより対応は異なりますが、保険代理店経由で保険契約を締結した場合は、代理店担当者が自宅まで来てくれる場合もあります。代理店がない場合は、保険金請求手続き等の書類を郵送で送ってくれることが多いです。

②必要書類の準備

　死亡保険金の請求手続きの場合は、死亡の原因が確認できる「死亡診断書（死体検案書）の写し」が求められることが多いです。手元にない場合は亡くなられた病院の事務局にて再発行をしてもらいましょう。また、故人の死亡の事実が記載された戸籍（又は除籍）謄本の写しや住民票の除票の写しの原本、さらに保険金受取人の住民票の写し及び運転免許証の写しなどの本人確認情報の写しが必要な保険会社が一般的です。

　一方、保険金の請求手続きではなく、保険契約名義の変更手続き（保険契約の承継手続き）では、相続人が全員であることを証明するための被相続人の死亡から出生まで遡る戸籍謄本・改製原戸籍謄本・除籍謄本等、遺産分割協議書及び相続人全員の印鑑証明書（原本）が必要になるのが一般的です。

　どういう手続きを行うかによって必要書類が異なりますので、この点も保険会社の指示に従い、準備しましょう。なお、提出した「原本」については「原本の還付を希望」と伝達すれば、原本は返却してもらえることがありますので、保険会社に伝えてみると良いでしょう。

③保険金受領後に届く「保険金支払額通知書」での確認

　保険金の請求手続きが完了すると、指定した銀行口座に保険金が振り込まれます。それとあわせて郵便で「保険金支払額通知書」（※保険会社によって名称は異なることがあります）が受取人の住所へ届きます。そこに記載された金額と一致しているか確認をしましょう。

　また相続税申告手続きがある場合は、この通知書が重要になりますので、必ず保管しておいてください。

5

▼保険の手続きと必要になる書類

手続きの種類	遺産分割協議書への記載	必要な書類（＝証明すべき事項）	相続税申告での確認書類
死亡保険金※1の請求手続き	不　要	①死亡した事実 ②死亡の時期と原因 ③死亡時における保険金受取人の存在	・保険証券 ・死亡診断書の写し ・保険金支払額通知書
保険契約の承継手続き（契約者の変更）	必　要	①死亡した事実 ②相続人の確定※2 ③遺産分割協議の有効性※2 ④手続時における承継者（相続人）の存在	・保険証券 ・解約返戻金相当額証明書

遺言書による死亡保険金受取人の変更について

　保険法の改正により、「遺言書（1-5節参照）」を活用することで、生前に保険契約を変更することなく、保険金受取人を変更することが可能となります（参考条文を参照）。例えば、保険証券の管理を相続人に任せており、受取人を変更したことを知られたくない場合などに、有意義な制度と言えます。しかし、たとえ有効な「遺言書」により、保険金の受取人の変更がなされたとしても、保険証券上の保険金受取人（遺言書で変更される前の保険金受取人）が、保険請求手続きを先に行い、保険会社もこの請求に基づいて保険金を支払った場合は、保険者（保険会社）に対抗することができない、つまり「自分に払え」と保険会社に対して主張することはできなくなります。これは、保険会社にとっては遺言書の存在及び効力発生となる死亡の事実を把握する術がなく、請求に基づいて支払ったことに何ら落ち度はないためです。あとは当初の保険金受取人と、有効な遺言書により変更された新しい保険金受取人の当事者の問題となりますが、多額の場合はすんなりと保険金を渡してくれるとは限りません。そのため、遺言書で変更された「新しい（真実の）」保険金受取人は、当該（有効な）遺言書を提出したうえで、できるだけ速やかに保険金請求手続きを行うよう、注意が必要です。

※1　入院給付金、手術給付金、未払契約者配当金、特約還付金等を除きます。

※2　遺言書がある場合は、遺言書の有効性を確認します。相続人の範囲の確定（被相続人の出生から死亡までの戸籍謄本等の収集）については保険会社によりますが、遺産分割協議書の有効性の前提となりますので、原則は必要とされます。

条文

保険法（平成20年法律第56号）抜粋

（前略）

（保険金受取人の変更）

第43条　保険契約者は、保険事故が発生するまでは、保険金受取人の変更をすることができる。

2　保険金受取人の変更は、保険者に対する意思表示によってする。

3　前項の意思表示は、その通知が保険者に到達したときは、当該通知を発した時にさかのぼってその効力を生ずる。ただし、その到達前に行われた保険給付の効力を妨げない。

（遺言による保険金受取人の変更）

第44条　保険金受取人の変更は、遺言によっても、することができる。

2　遺言による保険金受取人の変更は、その遺言が効力を生じた後、保険契約者の相続人がその旨を保険者に通知しなければ、これをもって保険者に対抗することができない。

（保険金受取人の変更についての被保険者の同意）

第45条　死亡保険契約の保険金受取人の変更は、被保険者の同意がなければ、その効力を生じない。

5

（保険金受取人の死亡）

第46条　保険金受取人が保険事故の発生前に死亡したときは、その相続人の全員が保険金受取人となる。

（以下、省略）

6 株や投資信託等の有価証券があったらどうするの？

株は苦手だから相続しても売っちゃいたいよ

まずは、名義変更の手続きをしないとね

上場株式の取扱い

　上場株式は、証券会社や信託銀行などの金融商品取引業者等が管理をしていますので、これらの事業者へ名義書換の届出を行います。まずは事前に連絡をして、相続があった旨を連絡しましょう。相続財産に上場株式が含まれていた場合、遺産分割協議が完了するまでは、株式を相続人全員で共有している状態となります。共有状態では被相続人から相続人へ名義書換をすることができませんので、誰がどの株式を相続するかの遺産分割協議を行うことが必要です。株式名義書換請求書や株主票など、各証券会社等の所定の書類がある場合もありますので、適宜確認して進めてください。

【一般的に必要とされる準備書類】

①遺言書がある場合

・被相続人の死亡が確認できる戸籍謄本もしくは除籍謄本又は、死亡証明書

・株式を取得する人の印鑑登録証明書

（遺言執行者が就任している場合は遺言執行者の印鑑登録証明書）

・遺言書の写し

・家庭裁判所の検認証書の写し（公正証書遺言の場合は不要）

②遺産分割協議の場合

・被相続人の出生から死亡までがわかる戸籍謄本、除籍謄本、改製原戸籍謄本

・相続人全員の戸籍謄本

・遺産分割協議書の写し

・相続人全員の印鑑登録証明書

　また、株式の相続手続きをする際、相続する人が証券口座を持っていない場合には、相続手続きの前提として証券口座の開設が必要になります。

投資信託の取扱い

　投資信託とは、多数の投資家から出資された資金を、運用の専門家が株式や債券あるいは不動産などに投資して、その運用成果が投資家それぞれの投資額に応じて分配される仕組みの金融商品のことをいいます。投資信託の利益を受け取る権利のことを受益権といいますが、投資信託の相続は、正確にはこの受益権を相続することを指しています。なお、相続財産に投資信託の受益権が含まれていた場合も、基本的には上場株式の際の手続きとほぼ同様です。被相続人の投資信託口座から、相続人の投資信託口座へ移管する流れとなります。各証券会社等の所定の書類など必要書類の確認と併せて、まずは連絡することから進めていきましょう。

5

国債の取扱い

　国債とは、国が発行する債権であり、国の資金調達をする手段の1つです。国債を購入すると、半年ごとに1回金利を受け取ることができ、満期には投資した元本が償還されます。国債を相続する方法としては名義変更と中途換金の2つの方法があります。

●①名義変更

　国債は、証券会社や銀行等の金融機関で購入することができますので、国債を購入した金融機関で名義変更の手続きを行います。基本的には、上場株式と同様に、戸籍謄本や印鑑登録証明書が必要となる他、金融機関によって必要となる書類が異なりますので、具体的には、被相続人の国債口座のある金融機関に確認して進めます。

●②中途換金する場合

　国債には、中途換金ができない期間が設けられている場合があります。しかし、国債の保有者が亡くなった場合は「特例」が認められ、中途換金ができない期間であっても、例外的に中途換金することができます。相続人が、この申請をする際には、相続人たる地位を証明する書類などが必要になります。手続きは金融機関によって異なる場合がありますので、詳細は口座を開設している取扱機関に確認しましょう。

7 上場株式の相続って どうすればいいの？

亡くなった父が証券会社と付き合いがあったみたいで、株式がいくつかあるみたい。よくわからないから売却したいけど、すぐにできるのかな

預貯金の承継手続きとは異なるみたいだよ。注意点もあるみたい

証券会社から届く「取引残高報告書」を確認

　上場株式を故人が保有している場合、その株式の取引や管理を任せている「証券会社」から、最低でも1年に1回以上、「取引残高報告書」が届きます。この書類を見れば、基準日において「その証券会社において」どの銘柄をどれだけ所有し、管理を任せていたかがわかります。そのため、上場株式の所有の有無については、まずは「（死亡日より前の直近の基準日の）取引残高報告書」の送付の有無を確認することから始めましょう。

　証券会社では、上場株式以外にも「社債」や「投資信託」等の金融商品も取り扱いますが、本節では、便宜上「上場株式」についてのみ説明します。

上場株式の承継手続きの流れ

　まずは証券会社へ電話にて連絡し、相続手続きの書類を郵送してもらいましょう。承継する人が同一証券会社の取引口座を保有していない場合に「新たに証券取引口座の開設の手続きが必要」であること、「すぐに解約手続きができない」ことの2点を除いては、基本的には預貯金口座の承継手続きと同様ですので、5-4節も参照してください。

　なお、手元に「取引残高報告書」が見当たらず、どこの証券会社を利用していたかもわからない場合は、利用していた可能性のある証券会社に口座の有無を照会して調査する方法があります。また、やや手間はかかりますが、「証券保管振替機構（ほふ

5

り）」に対して「登録済加入者情報の開示請求」を行う方法もあります。

その他、上場株式の相続手続きをするうえでの注意点を次に説明します。

上場株式の承継手続きにおける注意点４つ

上場株式の承継手続きにおける注意点は少なくとも４つあります。

●①株式数については「株式数証明書」や「議決権行使書面」を確認！

証券会社から届く「取引残高報告書」は、あくまで「その証券会社で」管理している情報しか記載されません。例えば、Ａ証券会社で取引を行っていた上場株式銘柄が３つあったとしても、Ｂ証券会社で別銘柄や同一銘柄の株式の管理を任せている場合があり、これらのＢ証券会社に任せている上場株式等の情報については、Ａ証券会社から届く書類では一切確認ができないのです。つまり、Ａ証券会社だけの「取引残高報告書」のみを根拠とした場合、「遺産の把握・手続き漏れ」が生じてしまう可能性があります。

これらの漏れを防ぐためには、当該株式の株主名簿管理人である信託銀行証券代行部等に対して「株式数証明書」の発行を依頼するか、株式を発行している株式会社（が委託している株主名簿管理人たる信託銀行証券代行部等）から最低でも年１回届く「株主総会の招集通知（開催のお知らせ）」に封入されている「議決権行使書面」に印字されている「保有株式数」を確認しましょう。これらの書類は、株式を発行している株式会社ごとで管理している情報であるため、すべての株式数が合算されて記載がされます。

なお、「証券保管振替機構（ほふり）」に対して「登録済加入者情報の開示請求」を行うことで、亡くなった方の株式等に係る口座の開設先を確認することが可能です。証券会社の見当がつかない場合に、調査すると良いでしょう。

●②「単元未満株」や「端株」に注意！

証券会社から届く「取引残高報告書」のみを参考にしてはならない理由の一つに、「単元未満株」や「端株」の存在があります。特に、保有期間が長い銘柄（平成21年1月5日の株券電子化以前や会社法が施行され端株制度が廃止された平成18年5月1日以前からの保有の場合）ほど、単元未満株等が発生している可能性があります。その場合は「証券会社」ではなく、「株主名簿管理人である信託銀行の特別口座」で管理がされており、株主名簿管理人である信託銀行証券代行部等に対して相続手続きが必要になるため注意が必要です。

なお、単元未満株式の承継手続きについては、証券会社の口座へ移管する方法のほか、相続人からの請求による「買取請求」（※当該株式を発行する会社に端数を買い取ってもらうこと）も可能です。

●③あくまで「移管」する手続きであって、すぐに売却処分ができるわけではない！

　前述の通り、預貯金口座の相続手続きとは異なり、証券会社における取引口座の相続手続きでは、（株主名簿管理人である信託銀行の特別口座で管理している単元未満株を除き）「相続人名義の証券取引口座に故人が所有していた株式等の管理を移す」という手続きになります（個別銘柄ごとの名義は、預け入れている証券会社において、株式の発行会社が定める株主名簿管理人に対して名義の書き換え依頼を代行して変更が完了されます）。つまり、管理を移す（＝移管）だけですので、相続手続きの中で直接、遺産である株式が売却処分（換価）されるわけではありません。この時に、相続人が既に同一証券会社の取引口座を保有している場合を除き、「新たに証券取引口座を開設する必要がある」ことに注意が必要です。

　また上場株式には値動きがありますから、早めに移管手続きを進めなければ、適切なタイミングで売却できず、株価が下がってしまうなどの損が発生することがあります（逆に値動きにより得をすることもあります）。

●④「未受領配当金」の有無を要チェック！

　配当金の受け取り方法について、銀行口座を指定していた場合はあまり問題になりませんが、銀行等の窓口で「配当金領収証」により現金で受取る方法を選択していた場合、「未受領」となっている配当金が残っているケースがあります。これらは当該株式の株主名簿管理人である信託銀行証券代行部等へ照会を行うことで調査が可能です。相続開始日時点で既に発生している未受領の配当金については、「債権」として遺産分割協議の対象となりますので、協議漏れに注意しましょう。

> **用語の解説**
>
> **上場株式**：証券取引所で売買できる株式のことを呼びます。反対に、上場していない株式を「非上場株」や「未公開株」などと呼びます。
> **単元未満株**：単元株制度（会社ごとに定められた一定の株数（単元）を保有していない株主は、株主総会での議決権行使や株式の売買を行うことができない制度）を採用している会社の株式で、1 単元未満（ただし整数倍）のもの（例えば、1 単元＝1000 株の会社の 100 株など）。
> **端株**：単元株制度を採用していない会社（つまり、売買単位が 1 株の会社）の1 株未満の株式に相当するもの（例えば、0.1 株など）。

5

8 「非」上場株式の承継手続きと その注意点は？

 亡くなった父が株式会社を経営していて、もう引退していたけど株式だけもっていたみたい。会社を継ぐ気はないし、これは売却できるのかな？　もし売れないなら、ずっと持っておくことはできるのだろうか？

 上場株式と違って取引市場がないから、処分するにはいろいろと難しいみたい。会社にとっては、場合によっては「経営支配権」にも結び付く重要事項だから、一定条件のもとに強制的に買い取りが可能な「売渡請求」を行うこともあるみたいだよ

「非」上場株式について

　一般的に「株式」というと証券会社を介して売買を行う「上場株式」がイメージされますが、世の中のほとんどの株式会社は「非」上場の株式会社であり、さらにその多く（ほぼ全て）の場合は、「非公開会社」といって、自由に株式の譲渡ができない「譲渡制限付き」の株式となっています。そのため、「非」上場株式を相続したとしても、「証券取引所で取り扱われない（＝市場価格が形成されない）」かつ「自由に譲渡ができない」ため、承継した人が「換価」する方法はかなり制限されます。

　なお、この「非」上場株式を保有している例は、概ね次の3つの場合が多いです。

　　①株式会社を自ら出資して設立し、創業者として経営していた
　　②非上場会社に勤めており、「従業員持株制度」を利用して購入していた
　　③友人や取引先の頼みで、株式会社の発行株式を引き受け、出資していた

　このうち、①の場合において、現在も企業活動を継続しており、後継者がいるような場合は、株式の割合（議決権割合）によっては、その「経営権」にも影響を及ぼすため、現経営陣にとっては「なんとしても回収したい」と考えている場合があります。

このような場合は、会社側も欲しいわけですから、（買取に要する現預金があれば）買取の意思表示を示してくれることが期待できます。但し「株価（この場合の株価は、上場株式とは異なり市場取引価格ではなく、決算書等を基に算出した金額を言います）」やその「株価」に基づいた「買取金額」を巡ってトラブルになることも多いです。

「非」上場株式の承継手続きの流れ

遺産である「非」上場株式を発行している会社と、相続された方との関係性により、連絡方法や注意点は異なりますが、ここでは最も多い事例であろう上記①の【故人が保有していた「自社株式」を、経営に携わっていない相続人が相続してから売却する方法】について、その承継手続きを説明します。

●①まずは「非」上場株式を発行している会社の管理部門へ問合せ

ある程度規模が大きい企業であれば、「法務部」が「株式名簿」の管理・保存を行っているはずです。規模が小さい企業でも「総務部」があれば、きちんと「株主名簿」が整備されているはずです。実際にちゃんと整備されていない企業も少なくないですが、法律上は「株主名簿」はすべての株式会社に作成・備付義務があります（会社法第121条）。

●②「相続したことがわかる書類一式」を提供し、株主名簿の書き換えを請求

相続したことがわかる書類とは、原則として、次の書類です（※書類の提出は写し（コピー）で足りる会社が多いですが、原本の提示（や提供）が必要なこともあります）。これらの書類で、相続人が相続を原因として株式を承継したことを立証し、「株主名簿」を書き換えてもらいます。書き換えが完了すれば、株式の承継手続きとしては完了となります。

①相続人確定書類
　（被相続人の死亡から出生まで遡る戸籍謄本・改製原戸籍謄本・除籍謄本、全相続人の戸籍抄本等）
②（有効な）遺言書
③（有効な）遺言書が存在しない場合で、かつ相続人が複数いる場合は、相続人全員の署名捺印のある遺産分割協議書
④遺産分割協議書に押された印鑑が実印であることを証明する「印鑑証明書」

なお、「相続」は「譲渡」ではないため、たとえ譲渡制限付き株式であっても、相続する際に会社側の承認は不要です。ちなみに平成18年5月1日に施行された「会社法」では「株券を発行しない」ことが原則ですので、手元に株券がない場合が多いです。株券がないからといって株式を保有していないわけではありません。

●③相続した後の売却先を自ら探す又は会社に買い取ってもらえるか交渉する

「非」上場株式は「譲渡自体が禁止」されているわけではなく、あくまで「承認を要する」として制限されているに過ぎません。どういった承認が必要かについては会社の「登記事項証明書」から確認することが可能ですが、譲渡先を自分で見つけ、会社に対して譲渡承認請求を行う方法があります（会社法第136条：株主からの承認の請求）。もっとも、ある程度価値のある株式でなければ、第三者への譲渡が難しい（欲しがる人がいない）ため、そのような場合は会社に相談することになります。場合によっては、会社法に詳しい「弁護士」に依頼することも検討した方がよいでしょう。うまく合意に至れば、売買代金として「換価」可能となります。また譲渡所得税などについては、予め税理士にもご相談ください。

企業側における「売り渡し請求」とは

「非」上場株式の相続人が、現在の株式会社にとって好ましくない場合があります。特にその議決権割合によっては、例えば取締役を解任したり、新たな取締役を就任させたりすることも可能になるためです。そのような場合に、会社側から「売ってくれ」と言っても、相続人が「その金額では売れない」「そもそも売りたくない」と言われてしまうこともあり得ます。このような事態を想定して、本来は生前からきちんと対策を行っていくことが望ましいですが、会社法第174条〜第177条の規定に従い「相続人等に対する売り渡し請求」を行う手法があります。

<相続人等に対する売り渡し請求を利用するための3つの要件>

①対象の株式が「譲渡制限株式」であること
②「定款に」売渡請求ができる旨の内容を定めていること　※相続開始後に変更可
③会社による自己株式の取得が「財源規制」に違反しないこと

この制度による「売渡請求」を受けた相続人は、この売渡請求自体を拒絶することはできません（価格については交渉が可能です）。なお、本著は会社法に関する書籍ではないため、詳細は専門書に委ねますが、この制度を用いることによるリスクなどもありますので、会社法に詳しい司法書士や弁護士にご相談のうえ、進めることを推奨します。

会社法

（相続人等に対する売渡し請求に関する定款の定め）

第174条　株式会社は、相続その他の一般承継により当該株式会社の株式（譲渡制限株式に限る。）を取得した者に対し、当該株式を当該株式会社に売り渡すことを請求することができる旨を定款で定めることができる。

（売渡しの請求の決定）

第175条　株式会社は、前条の規定による定款の定めがある場合において、次条第1項の規定による請求をしようとするときは、その都度、株主総会の決議によって、次に掲げる事項を定めなければならない。

　　1　次条第1項の規定による請求をする株式の数（種類株式発行会社にあっては、株式の種類及び種類ごとの数）

　　2　前号の株式を有する者の氏名又は名称

2　前項第2号の者は、同項の株主総会において議決権を行使することができない。ただし、同号の者以外の株主の全部が当該株主総会において議決権を行使することができない場合は、この限りでない。

（売渡しの請求）

第176条　株式会社は、前条第1項各号に掲げる事項を定めたときは、同項第2号の者に対し、同項第1号の株式を当該株式会社に売り渡すことを請求することができる。ただし、当該株式会社が相続その他の一般承継があったことを知った日から1年を経過したときは、この限りでない。

2　前項の規定による請求は、その請求に係る株式の数（種類株式発行会社にあっては、株式の種類及び種類ごとの数）を明らかにしてしなければならない。

3　株式会社は、いつでも、第1項の規定による請求を撤回することができる。

（売買価格の決定）

第177条　前条第1項の規定による請求があった場合には、第175条第1項第1号

の株式の売買価格は、株式会社と同項第2号の者との協議によって定める。

2　株式会社又は第175条第1項第2号の者は、前条第1項の規定による請求があった日から20日以内に、裁判所に対し、売買価格の決定の申立てをすることができる。

3　裁判所は、前項の決定をするには、前条第1項の規定による請求の時における株式会社の資産状態その他一切の事情を考慮しなければならない。

4　第1項の規定にかかわらず、第2項の期間内に同項の申立てがあったときは、当該申立てにより裁判所が定めた額をもって第175条第1項第1号の株式の売買価格とする。

5　第2項の期間内に同項の申立てがないとき（当該期間内に第1項の協議が調った場合を除く。）は、前条第1項の規定による請求は、その効力を失う。

（以下、省略）

9 不動産の名義変えに何が必要ですか?

不動産の名義変更は司法書士に、っと

仕組みを勉強しとくと依頼するのにもスムーズですよ

相続登記って何?

●①不動産登記とは

　不動産登記とは、どこに、どのような土地又は建物があり、その土地や建物に誰がどんな権利を有しているのかを公示する制度です。日本国内にあるすべて土地・建物はこれらの内容が不動産登記簿に記録されており、法務局という国の機関によって管理されています。記録をすることを**登記**と言いますが、登記された内容は、法務局へ**登記事項証明書**(実務では登記簿、謄本などとも呼びますが同一のものです)の発行を請求すれば、所定の手数料を納付することで誰でも取得することができ、内容の閲覧が可能です。不動産登記事項証明書には、主に表題部と権利部があり、さらに権利部には甲区と乙区があります。表題部には不動産の情報、権利部には個人または法人の権利が記録されています。表題部に変更があった場合は、30日以内に変更しなければならない義務がありますが、権利部に変更があっても変更するかは義務ではありません。

●②不動産登記のルール

　不動産登記にはルールがあり、取引の安全性から、必ず権利変動の過程を省略することなく記録しなければならない決まりがあります。権利変動とは、Aが売買によってBに所有不動産を売却した場合に、AからBへ不動産の所有権が移ることを指しています。また、Bが更にCへこの不動産を売却した場合も同様に、BからCへ

5

所有権の権利変動が発生しているため、この過程を忠実に不動産登記簿へ反映させる必要があるのです。権利変動があった場合は、法務局へ名義変更の登記申請を行いますが、仮にA名義の不動産を、現在の所有者Cの名義に直接変更する申請をした場合、登記申請は却下されてしまいます。この場合、まずAからB名義に変更登記を申請した後、BからC名義へ変更登記を行います。このような所有権の名義変更を**所有権移転登記**といいます。

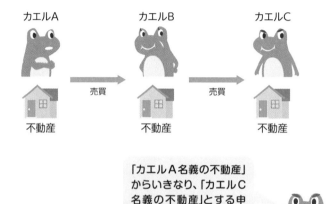

カエルA　　　　　カエルB　　　　　カエルC

売買　　　　　売買

不動産　　　　　不動産　　　　　不動産

「カエルA名義の不動産」からいきなり、「カエルC名義の不動産」とする申請はダメなんだね

③相続登記の場合

相続登記には基本的に3パターンあります。

1.法定相続に基づく相続登記

民法に定める法定相続分に従って登記するパターンです。

2.遺産分割協議に基づく相続登記

相続人全員で誰がどの遺産を取得するのかを協議し、この協議に基づいて登記するパターンです。

3.遺言書に基づく相続登記

被相続人が遺言書を作成しており、受遺者が不動産を承継した場合に、遺言書の内容に基づいて登記するパターンです。

不動産の所有者が死亡し相続が発生した場合、これらの事由で不動産の所有権を取得した者は、自己名義に不動産の所有権移転登記を行うことができます。不動産登記法のルールにより、相続登記を省略して、第三者に売却することはできません。

相続登記をしない場合のリスク

不動産登記には、登記をしなければいけない義務はありません。しかし、登記をしなかった場合のリスクをいくつか紹介しましょう。

●①いつの間にか第三者の名義に

不動産の所有者でもないのに真実の所有者と偽り、権利証や印鑑登録証明書を偽造して他人の不動産を売却し現金を騙し取る者を地面師といいます。特に空き家や空き地、登記事項に動きがないケースが狙われ易いようですので、注意が必要です。

●②祖父の他界から名義の変更を行っていない

上記でも述べたとおり、不動産登記は権利変動の過程を省略することができません。相続が重なると登記に必要な書類が膨大になり、手続きが煩雑化するリスクがあります。

●③不動産を売却できない

これも同様に、施設入所の為等、急遽現金が必要になった場合でも、第三者へ不動産を売却するには、相続人名義に一度名義変更しなければなりません。遺産分割協議が未了であったり、戸籍の収集に1か月かかったりと直ぐに登記できない場合もあります。

相続登記の手続きや必要な書類

具体的にどのように相続手続きを行うのかを見ていきましょう。

●①申請人

相続登記の申請をする者を申請人といいますが、「法定相続」「遺産分割協議」「遺言」の3つのパターンでそれぞれ誰が申請人かが決まっています。

1.法定相続の場合

この場合の申請人は、各相続人が単独ですることができます。単独で申請する場

5

合でも、自己の相続持分のみ申請することはできず、必ず相続人全員の持分を登記する必要があります。

2.遺産分割協議の場合

遺産分割協議によって不動産を取得した者と、それ以外の相続人全員が共同で行う必要があります。

3.遺言の場合

この場合の申請人は、遺言の解釈によって異なります。遺言による相続登記では、「相続させる」「遺贈する」の文言により、手続きが異なりますので、注意が必要です。詳しくは1-9節で解説しています。

(1) 相続と解釈される場合

遺贈によって所有権を取得した者が単独で申請することができます。

(2) 遺贈と解釈される場合

遺贈によって所有権を取得した者と、遺言執行者又は遺言執行者がいない場合は他の相続人全員と共同で行う必要があります。これは、受遺者が法定相続人の場合と第三者の場合でも同様です。

●②管轄法務局

登記の申請は、法務局に行いますが、不動産の所在地によって管轄が決まっています。下記URL又は「法務局」で検索して管轄のご案内、から調べることが可能です。

法務局HP

http://houmukyoku.moj.go.jp/homu/static

●③登記申請書類

登記を申請する場合、登記申請書と添付書類を併せて、法務局へ提出する必要があります。「法定相続」「遺産分割協議」「遺言」の3つのパターンでそれぞれ必要な添付書類が決まっています。

1.法定相続の場合

(1) 被相続人と相続人の関係がわかる戸籍除籍謄抄本 (又は法定相続情報)

(2) 被相続人の住民票 (除票) 又は戸籍の附票 (除票) の写し

(3) 相続人全員の住民票の写し (又は戸籍の附票)

(4) 固定資産評価証明書

2.遺産分割協議の場合

(1) 被相続人と相続人の関係がわかる戸籍除籍謄抄本 (又は法定相続情報)

(2) 被相続人の住民票 (除票) 又は戸籍の附票 (除票) の写し

(3) 遺産分割協議書

(4) 不動産を取得する相続人を除く相続人全員の印鑑登録証明書

(5) 不動産を取得する相続人の住民票 (又は戸籍の附票)

(6) 固定資産評価証明書

3.遺言の場合

(1) 被相続人と受遺者の関係がわかる戸籍除籍謄抄本 (又は法定相続情報)

(2) 第三者が受遺者の場合は (1) に代えて被相続人の死亡の記載のある戸籍除籍謄抄本

(3) 被相続人の住民票 (除票) 又は戸籍の附票 (除票) の写し

(4) 遺言書 (自筆証書遺言の場合は家庭裁判所により検認を受けたものに限る)

(5) 遺言によって不動産を取得する者を除く相続人全員の印鑑登録証明書

(6) 遺言執行者がいる場合は (4) に代えて遺言執行者の印鑑登録証明書

(7) 不動産を取得する者の住民票 (又は戸籍の附票)

(8) 固定資産評価証明書

●④登録免許税

　登録免許税は、不動産の登記を申請すると同時に法務局へ納付する必要があります。納付の方法は、登記申請書へ収入印紙を貼付する方法により行います。納付金額の算出には2通りあるため注意が必要です。課税価格は固定資産評価証明書または、固定資産納税通知書の課税明細書記載の固定資産の価格のうち、1000円未満の金額を切り捨てた価格です。

1.相続登記、遺産分割協議に基づく相続登記、遺言に基づく相続登記の場合

登録免許税=課税価格×0.4%

例：課税価格 10,567,469 円の土地の移転

10,567,000 円× 0.4％＝登録免許税 4 万 2,200 円（100 円未満切り捨てます）

2.遺言による不動産の取得で、遺贈と解釈される場合

登録免許税＝課税価格× 2％

例：課税価格 10,567,000 円の土地の移転

10,567,000 万円× 2％＝登録免許税 21 万 1,300 円（100 円未満切り捨てます）

10 「住宅ローン」の残高を残して亡くなった場合の注意点は？

「住宅ローン」がまだ残っているみたい。これも承継しないといけないのかな？

「債務」として承継が原則だけど、「団体信用生命保険」によって保険金で全額返済になる場合があるみたいだよ

「住宅ローン」とは

　一般的に、居住用不動産の購入に対する金融機関の貸し付け（住宅取得者の借り受け）のことを「住宅ローン」と言います。「住宅金融支援機構」のデータによれば、平均借入期間は概ね25年前後（単純平均）で推移しており、例えば35歳でマイホームを購入した場合、60歳前後（定年前後）で返済を終える方が多いです。このように長期間に及ぶ借り入れということもあって、60歳以降に亡くなった場合でも、住宅ローンの完済前に相続が発生することは珍しくありません。特殊な契約のようですが、「金銭消費貸借契約」であり、いわゆる「借金（＝金銭債務）」となり、相続の対象となります（相続人に支払い義務が発生します）。

「団体信用生命保険」とは

　「団体信用生命保険」とは、上記「住宅ローン」の契約者（返済者）が返済中に死亡してしまったり、所定の「高度障害状態」になってしまったりしたときに、「住宅ローン」の残債務を「死亡保険金」で完済する生命保険契約のことを言います。大多数の民間金融機関においては、住宅ローン貸付の際の「条件（※加入義務）」となっていますが、例えば「フラット35」という住宅ローンを提供する「住宅金融支援機構」においては、団体信用生命保険（機構団体信用生命保険）の加入は任意となっています。あくまで「生命保険」ですから、例えば「3年以内に悪性新生物（がん）で手術・入院」している場合などは加入できない等の条件があります。

5

住宅ローンを残して亡くなった場合の注意点

「住宅ローン」の残高を残したまま亡くなった場合の注意点は、次の通りです。

●①団体生命保険に「加入済みか否か」及び「保険金が支払われるか否か」

加入していたか否か不明確な場合は、「住宅ローン」を借りている金融機関に電話をして確認してみましょう。また加入している場合は、「保険事由」に該当し、きちんと保険金が支払われるか否かを確認しましょう。なお、加入時の「特約」によっては、生前に「がん」等と診断された段階で支払いが不要になる契約もあります。

●②団体信用生命保険に加入しておらず、残債務について承継が必要な場合の手続き

前述の通り、「団体信用生命保険」に加入済みの場合であり、かつきちんと保険金にて完済される場合は問題がありませんが、団体信用生命保険に加入しておらず、かつ相続資産等で弁済をしない（できない）場合は、（金融機関が認める）相続人が債務を承継する手続きを行います。一般的には、住宅ローンを使って購入した土地や建物の承継者が「住宅ローン」も承継しますが、法律上は「債務の承継」については相続人間だけの遺産分割協議（合意）で決まるものではないため、債権者である金融機関と調整が必要です。なお、担保権（住宅ローンの場合はほとんどが「抵当権」）を設定している場合の、「債務者」は登記事項ですので、被相続人から相続人である新しい債務者に変更する旨の不動産登記手続きも必要となります。このあたりは、「債権者」たる金融機関側から案内がありますので、まずは金融機関（債権者）に速やかに相談するようにしましょう。

●③住宅ローン以外の債務の有無

住宅ローンは団体信用生命保険のおかげで完済されたとして、他にも借金がないか心配という方もいらっしゃいます。そこで、「債務の調査方法」について紹介します。なお、以降説明する方法で調査ができるのは「金融機関」や「（貸金業登録をされている正当な）貸金業者」への債務の調査になります。ご親族や友人、いわゆる「090金融」などの「ヤミ金融」については調査対象外ですのでご注意ください。

＜債務の調査方法：信用情報の開示請求＞

次の３つの機関すべてに対して、「信用情報開示請求」を行います。相続人からの請求の場合は、相続関係を証明する書類が必要となります。具体的な請求方法や添

付書類はそれぞれの機関のホームページから確認できます。

①一般社団法人全国銀行協会

https://www.zenginkyo.or.jp/

②株式会社日本信用情報機構（JICC）

https://www.jicc.co.jp/

③株式会社シー・アイ・シー（CIC）

https://www.cic.co.jp/

　「債務調査」を行うには、上記の３つの機関への信用情報開示請求が基本的な方法ですが、簡易的には、亡くなられた方の「通帳の取引履歴」を見て、定期的な返済があるかないかをチェックする方法もあります。一般的に、お金を借りている場合は、毎月１回以上の返済がある場合が多いですので、通帳の記録を見てそのような動きがないかを入念に確認します。なお、借入れがある方は現預金が残っていない方が多いため、現預金がちゃんと残っているような場合では、残債務がある借り入れはないことがほとんどです。

5

　なお、固定資産税や所得税などの滞納の有無については、税務署や市区町村の税務課にてチェック（納税状況に関する証明書の発行依頼）が可能です。これら公的な債務については、滞納状況によっては、不動産に対して「差押え」がされている場合があり、そのような場合は「登記事項証明書」から確認することが可能です。

11 公共料金 (ライフライン) の変更手続はどうするの?

ガス、電気、水道の公共料金の変更手続きはどうするんだろう?
放置しておくと、電気やガスを止められたりしないかな?

すぐに止められちゃったら、生活ができずに困ってしまうね!
手続きはどうしたらよいのだろう?

まずは「口座振替不能のお知らせ」ハガキが届く

日常生活で欠かすことができないのが、「電気」「ガス」「水道」といった「ライフライン」の契約です。亡くなった方の名義で契約し、その公共料金の支払いを故人名義の通帳口座から引き落としで支払っていたり、故人名義のクレジットカード払い (クレジットカード会社名義での口座引き落とし) を選択していたりする場合、それらに紐づく金融機関口座が相続によって「凍結」されると、「公共料金の引き落とし不能」という事態を招き、契約している住所宛てに「口座振替不能のお知らせ」が届くことになります。このハガキに記載のある支払期日までに、近くのコンビニエンスストア等で臨時的に支払いが可能です。

いきなりは停止されず、「供給停止のお知らせ (予告)」が届く

電力会社等により多少の違いはありますが、命に関わる「ライフライン」ですので、相続発生によって金融機関の口座が凍結され、引き落とし不能により公共料金の支払いをしていない場合でも、直ちに供給が停止されるわけではありません。

まずは、公共料金が期限内までに支払いがされていない旨と、そのまま支払いがないとやむを得ずに停止するという「予告」がされた郵便はがきが届きます。急ぎではないとはいえ、そのまま住み続ける必要がある場合は、以下に案内する相続による承継手続きを早めに行うようにしましょう。

ガス・電気・水道の相続手続き

それぞれの手続きについて見ていきましょう。

①都市ガス（又はプロパンガス）

都市ガスかプロパンガスかに関わらず、毎月届く「使用料金のお知らせ」に記載の
ある電話番号へ電話をしましょう。契約名義だけでの変更であれば、電話だけで受
け付けてもらえるところが多いです。一方、「引き落とし先銀行口座の変更」手続き
については、電話だけでは手続きができないため、口座変更手続き用紙を郵送して
もらいます。なお、金融機関窓口でも専用の用紙があるため、それを用いて引き落と
し先口座を変更することも可能です。

利用契約を承継せずに、建物取り壊しなどで解約する場合は電話だけで簡易に手
続きが可能です（プロパンガスの会社等では例外で書面提出が必要な場合もありま
すが、難しいものではありません）。

②電気

電気についても、基本的には都市ガスの場合の手続きと同じです。毎月届く「使用
料金のお知らせ」をチェックして、電話をしましょう。

最近では、「ガス電力自由化」が施行されましたので、相続を機会として、ガスと電
気の契約を一本化する方もいらっしゃいます。少しお得になるようなので、検討して
みても良いかもしれません。

③水道

水道はガスや電気と異なり、民営化しておらず、市区町村によって少し手続きが
異なる場合があります。またマンションなどの「集合住宅」では、管理会社が家賃と
一緒に水道料金を引き落としている場合がありますので、その場合は、管理会社へ
連絡する必要があります。いずれにせよ、まずは現状どのように支払っているかを確
認しましょう。

以上が公共料金の使用者名義及び振込先口座の変更手続きの流れです。金融機関
手続きとは異なり、戸籍謄本などの公的書類の提出も限定的であり、簡便な手続き
となります。

なお、インターネットのプロバイダ契約、新聞の定期購読契約、NHKの受信料支
払い契約、携帯電話の契約など、毎月「口座振替」で支払っている契約がある場合も

5

注意しましょう。故人名義の通帳を見て確認することで、どういった引き落としがあるのかは確認が可能です。

　「ガス」「電気」「水道」「NHK」「NTT」の5つについては、金融機関の取扱状況によっては、「金融機関窓口」において、公共料金の引落先口座の変更手続きがまとめてできるため、このような方法を活用してみてもよいでしょう。

12 「姻族関係を終了させる手続き」とは？

配偶者が亡くなってから、配偶者との親族関係ってどうなるのだろう？

亡くなったからといって配偶者側親族との関係は変わらないみたい。でも「姻族関係終了届」という手続きもあるんだって

配偶者が死亡しても、配偶者側親族との関係は（法律上）維持される

　配偶者が亡くなった場合、配偶者側親族との距離感、付き合い方について悩まされる方は少なくありません。生前から付き合いがあり関係性も良好であった場合はともかくとして、全く付き合いがなかった場合や付き合いはあったけど険悪な関係だった場合などに「配偶者が亡くなったのだからもう付き合うことはない」と考える方が多いようです。

　しかし、法律上は、配偶者が死亡したという事実のみをもっては、その関係性に変更は生じず、親族としての関係は維持されます。そのため、相続権は別問題として、特別の事情がある場合には、家庭裁判所の審判により、三親等内の親族に対する扶養義務が発生し得る（民法第877条第2項）などの問題が生じます。そのため、これらのことを回避するために、姻族関係終了の届出を行う意義が生じます。

そもそも「親族」「血族」「姻族」とは

　民法第725条（親族の範囲）において、『①六親等内の血族・②配偶者・③三親等内の姻族』が「親族」であると定義されています。

　「血族」とは、その名の通り「血の繋がった家族」と捉えて頂くとわかりやすいですが、「養子縁組」によっても血族関係は生じ、これを「法定血族」といいます。

　「配偶者」とは、法律上の夫又は妻のことです。

　「姻族」とは、「婚姻によって生じた親族関係」のことを指します。配偶者側の血族

5

や、自己の血族の配偶者が姻族に当たり、一般的には「義理の兄弟」「義理の両親」と呼んだりもします。

姻族関係終了届の提出方法と注意点

配偶者と離別（離婚）の場合は配偶者の親族も含めて姻族関係は終了となりますが、配偶者と死別の場合は、配偶者の親族（姻族）は当然には終了とならず、この姻族関係を終了させたい場合は「姻族関係終了届出」を提出する必要があります。詳細と注意点を説明します。

▼姻族関係終了届出について

届出先	本籍地または住所地の市役所・区役所・町村役場
提出者	生存している配偶者（※死亡した配偶者側親族は届出不可）
期 限	な し
承 諾	不 要
効 果	亡配偶者側との姻族関係が終了し、法律上は、特別な事情があったとしても扶養義務を負うことはありません。
留意点	①戸籍の記載はそのままです。 　→当該届出を出したとしても戸籍の記載は変更がありません。 ②「氏」もそのままです。 　→婚姻前の旧姓に戻りたい場合は、別途「復氏届」が必要です。 ③相続権に影響はありません。 　→配偶者であることには変わりはないため、相続手続きに法的な影響はありません。なお、養子縁組をしていない限り、義理の両親の相続について相続権は元からありません（一方、子どもには代襲相続権があります）。 ④遺族年金受給資格についても影響ありません。 　→当該届出を提出しても要件を満たせば受給することができます。

条文

民法
（親族の範囲）
第725条　次に掲げる者は、親族とする。

　　1　6親等内の血族

　　2　配偶者

　　3　3親等内の姻族

（離婚等による姻族関係の終了）

第728条　姻族関係は、離婚によって終了する。

2　夫婦の一方が死亡した場合において、生存配偶者が姻族関係を終了させる意思を表示したときも、前項と同様とする。

（扶養義務者）

第877条　直系血族及び兄弟姉妹は、互いに扶養をする義務がある。

2　家庭裁判所は、特別の事情があるときは、前項に規定する場合のほか、3親等内の親族間においても扶養の義務を負わせることができる。

3　前項の規定による審判があった後事情に変更を生じたときは、家庭裁判所は、その審判を取り消すことができる。

5

13 未登記家屋の名義を変更する 手続きって何？

古い家屋があって固定資産税もちゃんと払っているけど、「登記」がされていないらしく、所有者が法務局ではわからないみたい。相続するにはどうしたらよいのかな

いわゆる「未登記家屋」だね。土地と違って、建物の「未登記」は珍しくないみたいだよ

不動産登記制度とは

　土地及びその定着物のことを「不動産」と言います（民法第86条第1項）。この不動産については経済的な価値も大きく、国民の権利の保全を図り、取引の安全と円滑に資することを目的として「不動産登記法」が定められており、「登記事項証明書」を法務局で請求すれば、誰が所有者で、どういう現況（地積や床面積、建物の構造や地目など）なのかなど、「誰であっても」自由に確認することができるように公示されています。

　本来、新築した建物や表題登記がない建物の所有権を取得した方は、その所有権を取得した日から1か月以内に「法務局」に対して「表題登記申請」を行わなければなりません（不動産登記法第47条第1項）。ところが、建築した際に、この法律を知らなかったり、知っていても申請しなかったり、なんらかの事情で登記がされていない建物が存在します。これが**未登記家屋**です。相続手続き実務においては、この「未登記家屋」は日常的に目にするものであり、特段珍しいものではありません。

未登記家屋の承継手続き（原則）

　未登記のままになっている家屋が発見された場合には、原則的には、承継した相続人が（又は土地家屋調査士に依頼して）表題登記申請を行い、完了後に同人が（又は司法書士に依頼して）所有権保存登記申請を行います。

　前述のとおり、不動産登記法第47条では、建物の表題登記申請は「義務」とされて

いるため、未登記家屋を相続した相続人が、法務局へ表題登記申請及び所有権保存登記を行うことが望ましいです。また、承継した「未登記家屋」を第三者へ売却したり、抵当権などの担保を設定してお金を借りたりする場合は、それらの権利を明確に表示するために、やはり建物表題登記及び所有権保存登記をする必要性が生じます。

　しかし、このような処分行為を行う予定がなく、逆に近い将来、「取り壊し（解体）」を予定している場合などにおいて、法的に義務付けられた登記申請をすることなく、「未登記家屋」の状態のまま「名義」変更を行うことが相続手続き実務では珍しくありません（もちろん良し悪しは別ですし、筆者としては原則通りの登記を推奨しております）。

固定資産税の課税対象である場合（＝非課税物件以外）は、「家屋補充台帳」に名義が記載されている

　まずは未登記家屋か否かの見分け方を知りましょう。その1つの方法として「固定資産税」があります。たとえ「登記」がされていなかったとしても、「家屋」が現存していれば、著しく価値が低いために免税されていたり（免税点制度）、宗教施設であり非課税になっていたりする場合などは例外として、原則として「固定資産税」が課税されます。その場合、毎年4月〜5月にかけて、その年の1月1日時点の所有者に対して、市町村役場の固定資産税課や市税事務所から「納税通知書」及び「課税明細書」が郵送されてきます。この「課税明細書」を見たときに「家屋番号」がついていれば「登記されている家屋」、家屋番号が付いていなければ「未登記家屋」であるとの判別が可能です。

　「課税明細書」での家屋番号の有無の確認の結果、「未登記家屋」であると推測ができたら、固定資産税を管轄する市区町村役場の担当課に確認してみるのが確実です。

　もし家屋番号が付いていなかったとしても、登記されている建物の増築部分などの「附属部分」であるときは、登記されている建物に関して登記名義の変更手続き（相続による所有権移転登記等）がなされれば、付随して相続人名義に変更される場合があります。

　一方、完全に独立している家屋が「未登記」である場合は、「家屋補充課税台帳（未登記家屋台帳）記載事項変更届出」（書類の名称は市区町村によって差異があります）を提出します。

　これがいわゆる「未登記家屋の承継（名義変更）手続き」となり、この手続き後には、（1月1日を基準として）新たな相続人に対して固定資産税の課税が通知されることとなります。

5

なお、市区町村によって違いはありますが、「家屋補充課税台帳（未登記家屋台帳）」上の名義は、「所有者」という表現ではなく、「登録者」や「登録名義人」と表示されることが多く、民法上の所有者ではなく、「納税義務者」のことを指します。あくまで所有者を公示する「登記事項証明書」とは異なるため、民法上の「所有権（者）」であるとの証明にはなりません。そのため、第三者に対して自らの所有権を主張するためには、やはり原則どおり、「法務局」への表題登記申請及び所有権保存登記申請が必要になる点に注意が必要です。

用語の解説

建物表題登記：「登記」されていない建物について、初めて登記簿の「表題部」を新設し物理的状況（所在・種類・構造・床面積および所有者の住所・氏名）を明らかにする登記のことを言います。不動産登記法上は、義務とされていますが、実務上はしばしば未登記となっています。

14 農地や山林を相続した場合の注意点は？

農地や山林を相続したけど、何か注意点はあるのかな？

一定の場合には、期限内に承継したことの届出義務があるみたいだよ

見落としがちな相続手続き

相続したのちに、特定の財産について相続したことを管轄の行政庁へ報告する義務が課せられている場合があり、その代表格が「農地」と「山林（地域森林計画対象地の民有林）」です。これらは行政庁が長年にわたり、所有者の実態がつかめず、現在の所有者が把握できずに公共工事等で地権者と接触することができない、いわゆる「所有者不明問題」を背景として、相続したことの届出が近年義務化されました（平成21年12月改正農地法等の施行、平成23年4月改正森林法の施行）。

届出対象とある「農地」とは

本届出義務は「農地法」という法律で定められており、農地法で定める「農地」及び「採草放牧地」とは、以下の条文の通りです。

農地法
（定義）
第2条　この法律で「農地」とは、耕作の目的に供される土地をいい、「採草放牧地」とは、農地以外の土地で、主として耕作又は養畜の事業のための採草又は家畜の放牧の目的に供されるものをいう。

農地法は「現況主義」を採用しているため、たとえ登記地目が農地以外になっていたとしても現況が「農地」であれば、農地として「届出対象」となります（反対に、現

況が農地以外となっていても、登記地目が農地等（田、畑、採草放牧地等）になっている場合には、届出の対象と取り扱う農業委員会もあります）。

　届け出義務の根拠は、次の条文の通りです。

農地法
（農地又は採草放牧地についての権利取得の届出）
第3条の3　農地又は採草放牧地について第3条第1項本文に掲げる権利を取得した者は、同項の許可を受けてこれらの権利を取得した場合、同項各号（第12号及び第16号を除く。）のいずれかに該当する場合その他農林水産省令で定める場合を除き、遅滞なく、農林水産省令で定めるところにより、その農地又は採草放牧地の存する市町村の農業委員会にその旨を届け出なければならない。

　また、次の条文の通り、「10万円以下の過料」も規定されているため、届出義務を怠らないように注意しましょう。なお、「遅滞なく」の解釈は明確には定められておりませんが、長めに解釈すると「遺産分割協議等により取得が決定的になったときから90日以内」ですが、短めに解釈すると「相続開始日（死亡日）があったことを知ってから30日以内」とも考えられます。早く手続きを行うことに越したことはありませんが、心配な場合は提出先の農業委員会へ早めに確認しましょう。

農地法
（罰則）
第69条　第3条の3の規定に違反して、届出をせず、又は虚偽の届出をした者は、10万円以下の過料に処する。

　提出書類となる「届出書」は、提出先となる（当該農地を管轄する）「農業委員会」で入手できますが、次のリンク先からも参考様式を確認することができます。

農林水産省HP

https://www.maff.go.jp/j/keiei/koukai/pdf/souzoku_todoke.pdf

届出対象となる「山林」とは

　相続した場合に届出義務の対象となる「山林」とは、「地域森林計画」の対象となっている「森林」です。農地の場合と比べて、稀な相続手続きにはなりますが、登記地目が「山林」になっている土地を承継した際には注意しましょう。

森林法
（森林の土地の所有者となつた旨の届出等）
第10条の7の2　地域森林計画の対象となつている民有林について、新たに当該森林の土地の所有者となつた者は、農林水産省令で定める手続に従い、市町村の長にその旨を届け出なければならない。ただし、国土利用計画法（昭和49年法律第92号）第23条第1項の規定による届出をしたときは、この限りでない。

　農地法と同様に、10万円以下の「過料」が定められているため、注意しましょう。

森林法
第213条　第10条の7の2第1項の規定に違反して、届出をせず、又は虚偽の届出をした者は、10万円以下の過料に処する。

　なお、届け出期間は森林法施行規則により、「所有者となった日から90日以内」とされています。農地法が「取得した場合」に「遅滞なく」と定められていることと比較した場合に厳格に定められていることに注意が必要です。「所有者となった日」とは、所有権の移転の原因が相続（及び遺産分割協議）の場合には相続開始の日（被相続人の死亡の日）、相続に伴う遺産分割協議の終了の場合にはその終了の日となり、**相続発生から90日以内に分割協議が調わない場合には、相続開始の日から90日以内に法定相続人の共有物として届出を行うとともに、分割協議により持分に変更があった場合には分割協議終了後90日以内に再度届出を行う必要があります。**

5

　また、相続により法定相続人の共有物となっている場合など、森林を複数の所有者で取得し共有することとなった場合、共有者がそれぞれ届出書を提出することも、連名で一つの届出書を提出することも可能とされています（森林の土地の所有者届出制度市町村事務処理マニュアル参照：林野庁森林整備部計画課作成※1）。

森林法施行規則（抄）（昭和26年農林省令第54号）
（森林の土地の所有者となつた旨の届出等）
第7条　法第10条の7の2第1項本文の規定による届出は、地域森林計画の対象となつている民有林について新たに当該森林の土地の所有者となつた日から90日以内に届出書（1通）を市町村の長に提出してしなければならない。

※1　https://www.rinya.maff.go.jp/j/keikaku/todokede/shoyusha_manual.pdf

地域森林計画：森林法第5条の規定により、都道府県知事が、都道府県内の民有林の整備について立てる計画です。

森林：森林法第2条において「木竹が集団的に生育している土地及びその土地の上にある立木竹」並びに「木竹の集団的な生育に供される土地」と規定されており、土地とその上に生立している木竹とを一体的に観念して指称しています。したがって、伐採跡地等で現状は無立木地であっても、その土地をめぐる自然的、経済的、社会的条件から見て森林として取り扱うことが妥当なものについては、森林として取り扱うことになります。なお、「主として農地又は住宅地若しくはこれに準ずる土地として使用される土地及びこれらの上にある立木竹」は森林に含めないこととされています（法第2条第1項但書）。

コラム

「原野商法」について

登記地目が「山林」になっている土地を所有したまま亡くなり、家族が「処分できずに困っている」ケースは少なくありません。林業が盛んだったころには、「山林」は確かに「資産」として機能していましたし、リゾート開発や高速道路や鉄道の開発で資産価値が上がった山林も事実としてあるでしょう。

しかしながら、忘れてはいけないのが「将来的に価値が上がる」という噂レベルの情報によりほとんど価値がない山林や原野を購入させられるという「原野商法」です。こういった情報に惑わされた購入者が多数いるとされています（必ずしも詐欺事件ではないため、実態は不明なようです）。筆者も相続手続きに従事してから10年以上の経験を有しますが、原野商法が疑わしい事例はいくつも見てきたので、全国区で見れば、何十万人単位で困っている方がいらっしゃると見ています。

そして、世代が代わり、最近では「二次被害」を耳にするようにもなりました。「不要な山林を処分する、そのための測量代金が100万円必要。売れたら売買代金でおつりがくる」など巧みな話術で美味しい話があったときは注意しましょう。売買する前提として測量が必要なことは宅地取引では一般的であるため、測量すること自体は詐欺とは言えず、巧妙な手口と言えます。面識もなく、100％信頼できる業者以外からの誘いは警戒して損はありません。ご注意ください。

15 ゴルフ会員権の承継手続きはどうやってするの？

ゴルフ会員権があるみたいだけど、どうやって手続きするのだろう？

運営会社が破産しているケースもあって、簡単にはいかないこともあるみたいだね

ゴルフ会員権とは

　「ゴルフ会員権」とは、簡単に説明すれば、「ゴルフ場の運営会社が定めた規約（入会条件等）に基づき、特定のゴルフ場を利用（プレー）できる権利」のことを言います。『ゴルフ場等に係る会員契約の適正化に関する法律（平成4年法律第53号）』にて、一定のルールが定められています。この「ゴルフ会員権はゴルフが好きで主にプレー目的で所有している場合の他、一部のゴルフ会員権は市場が形成されていて時価があるために、投資目的で購入されている方もいらっしゃいます。

　しかし、一口に「ゴルフ会員権」と言っても、その種類としては主に「預託金型」と「株式型」の2つがあり、かつそれぞれの運営会社の規約により権利内容や承継手続き方法は大きく異なります。なお、この2つの型以外の特殊な種類もありますが、かなり少なく、かつ流通もほとんどされていないため、本書では説明を省略します。

　筆者の経験では相続手続きを行う頻度としてそれほど多くありませんが、バブル経済崩壊後に経営破たんをしているゴルフ場も多く、またゴルフ場運営会社の担当者も相続手続きに不慣れなために承継手続きが難航することが多い印象です。ゴルフ会員権の仲介会社等の協力も仰ぎながら、慎重に手続きを進めることが求められます。

5

大きくは2つのタイプに分かれる

預託金型と株式型の2つのタイプを見ていきましょう。

●預託金型

その名の通り、入会時に金銭を「預託」するタイプのゴルフ会員権で、原則として、相続人からの請求により、返還請求が可能です。世の中のゴルフ会員権のほとんどがこの型ですが、何らかの原因で経営状況が悪化していたり、既に破産手続き等に至ったゴルフ場にあっては、返還できるのが10年以上先というケースもあります。

●株式型

お金を預けるのではなく、ゴルフ場運営会社の「株式」の一部を購入するタイプのゴルフ会員権です。その性質はあくまで「株式」ですので、経営が良ければ「株主配当」が見込めますし、万が一経営破たんするようなことがあっても、株主として残余財産の分配を求めることも可能ですので、取引市場では人気があるそうです。

こちらの株式型であっても入会時に「入会保証金」を提供しているケースでは、原則として相続人から還付を求めることができます。

ゴルフ会員権の承継手続きの流れ

まずは、ゴルフ会員権の「会員証」を見て運営会社に連絡を取り、相続手続き方法を確認することから始めます。「会員証」がない場合でも、ゴルフバッグ等に付いている「会員バッジ」などから特定が可能な場合があります。またゴルフ場の多くが会員権所有者に対して「年会費」を請求していることから、通帳の取引履歴（出金記録）でもゴルフ場運営会社を特定することもできます。

●①一般的な相続手続きと同じく、まずは相続人調査と遺産分割協議を実施

被相続人の出生まで遡る戸籍謄本等を収集し、相続人を明らかにしたうえで、相続人が複数いる場合はゴルフ会員権の承継者を遺産分割協議で決定します。有効な遺言書があり、その遺言書にゴルフ会員権についての内容が含まれている場合は、遺言書に基づいた相続手続きが可能です。

●②手続き用紙を取り寄せ、株式の名義書換又は相続人から預託金返還請求

預託金型が株式型かによって少し手続き内容は変わりますが、ゴルフ場運営会社

に連絡して相続手続き書類を送ってもらうように請求しましょう。ゴルフ場によっては郵送では書類を送ってもらえず、ゴルフ場内の事務所まで来て欲しいとい言われることもあります。筆者も過去に何度か相続人と一緒に山奥のゴルフ場に行った思い出があります。

●③相続手続き書類を提出し、承継手続きは完了！

相続人もゴルフをする場合はそのまま承継することもあり得ますが、年会費がかかることがほとんどであるため、多くの方は「処分」されます。有名なゴルフ場であれば、市場価格があるため、ゴルフ会員権の仲介会社経由で売却することも可能です（もっとも、「超名門」と呼ばれるゴルフ場では、逆に自由に取引ができず、そもそも譲渡が認められない場合もあります）。その場合、相続手続きまで含めて「ゴルフ会員権の仲介会社」が手伝ってくれる場合がありますので、売却前提なら仲介会社に相談して頂いても良いかもしれません。

市場価格が付いていないか、著しく低い場合は、預託金や入会保証金の返還手続き（脱会手続き）を行うことになりますが、前述の通り経営状況によってはほとんど還付されない場合もあるため、慎重に判断する必要があります。

また、相続手続き及び譲渡の際には、高額な「名義書換料」が求められる場合もありますので、この辺りの諸費用についてもきちんとチェックしてから処分を検討しましょう。

5

16 外国籍の方が亡くなった 場合の相続手続きは？

外国籍の方が亡くなった場合、戸籍もないし大変そうだね

戸籍のことならまだしも、日本の法律を適用しない場合がある みたい

外国籍の方が亡くなった場合：渉外事例とは

　当たり前ですが、日本に住む人が皆日本国籍を保有しているわけではありません。出入国在留管理庁が令和2年3月27日に発表した令和元年末の在留外国人数（特別永住者を含む）は293万3137人にのぼり、外国籍の方が日本で働いて、日本で生活を送ることも珍しいことではなくなりました。銀行口座はもちろんのこと、銀行で住宅ローンを借りて、土地や建物を所有して住んでいる方もいらっしゃいます。日本人と結婚している方もいらっしゃいます。

　こうした、日本で生活を送っているけれども日本国籍を持たない方の相続を「渉外事例」と言います。日本の法律が適用されないこともあり、例えば、日本人と結構している外国籍の方が亡くなった場合、その外国籍の方が保有する財産を日本人の配偶者や日本国籍を持つ子どもが承継できるのか（相続人となれるのか）といったところから問題になってしまいます。

　特別永住者の方の相続手続きはやや地域に偏りはあるものの、渉外事例はグローバル化が進んだ現代において全国的に決して珍しいものではありません。しかし、言葉の壁や複雑な法律上の問題によって、相続人は困難に直面することが多いのも実情です。

亡くなられた方（被相続人）が外国籍だった場合の検討事項

①どの国の法律が適用されるのか

　亡くなられた方が外国籍だった場合、はじめに「どの国の法律が適用されるか」、すなわち「準拠法」を検討しなくてはなりません。日本においては、「法の適用に関する通則法（平成18年法律第78号）」という法律があり、次の規定があります。

法の適用に関する通則法（平成18年法律第78号）

第六節　相続

（相続）

第36条　相続は、被相続人の本国法による。

（遺言）

第37条　遺言の成立及び効力は、その成立の当時における遺言者の本国法による。

2　遺言の取消しは、その当時における遺言者の本国法による。

（適用除外）

第43条　この章の規定は、夫婦、親子その他の親族関係から生ずる扶養の義務については、適用しない。ただし、第39条本文の規定の適用については、この限りでない。

2　この章の規定は、遺言の方式については、適用しない。ただし、第38条第2項本文、第39条本文及び第40条の規定の適用については、この限りでない。

　そのため、外国籍の方の相続手続き（遺言書の有効無効に係る「遺言の方式」については、「遺言の方式の準拠法に関する法律」もあるため、特に注意を要する）を進めるには、まずは被相続人が有していた国籍の法律（本国法）を調査することとなります。

　ただし、本国法を調べていく中で、「法の適用に関する通則法」と同じように「準拠法」を定めた法律が整備されている場合があります。その中で、例えば「相続は居所地法による」とか「不動産に関することは、所在地法による」などと規定されていた場合は、それに従い、日本の法律を適用することとなります。これを「反致（はんち）」と呼びます。

法の適用に関する通則法（平成18年法律第78号）

（反致）

第41条　当事者の本国法によるべき場合において、その国の法に従えば日本法によるべきときは、日本法による。ただし、第25条（第26条第1項及び第27条において準用する場合を含む。）又は第32条の規定により当事者の本国法によるべき場合は、この限りでない。

5

さらに、例外的ではありますが、外国法によるべきところ、その通りとすると公序良俗に反することとなる場合は、外国法を適用しないとする規定もあります。

法の適用に関する通則法（平成18年法律第78号）
（公序）
第42条　外国法によるべき場合において、その規定の適用が公の秩序又は善良の風俗に反するときは、これを適用しない。

なお、外国籍の配偶者の連れ子と日本国籍の配偶者とが「養子縁組」を届出のみでしていた場合や日本では届出のみで協議離婚していた場合において、外国籍を有する配偶者の本国法に拠れば裁判所などの許可が必要にもかかわらず、そのような許可を得ていなかった場合など、「親族関係」の成立においても疑義が生じることがあるため、この点についても慎重な本国法令の調査が必要となります（同法第5節親族）。解決にあたっては、場合によっては在日領事館をはじめ、外務省の手助けも借りる必要が生じる場合もあります。

●②適用される法令に基づいた相続人をどのように確定するのか

適用される法律が確定したら場合、その国の法律で「相続法」に関係する法令を調査します。日本では「民法」という中に相続に関連することが規定されています。この「民法」は「私法の一般法」と呼ばれ、概ねどこの国も規定が整備されていますので、相続関連の規定の調査自体は心配ないでしょう。

しかし大きく異なるのが、日本では当たり前の「戸籍制度」についてです。日本では明治19年頃より現在の戸籍制度が確立されており、被相続人に「子どもがいるかいないか」等の家族関係は戸籍を見れば一目瞭然で、「子どもがいないこと」も簡単に立証可能です。しかし、海外においては日本のような戸籍が整備されておらず、「いないことを証明する方法」がない場合がほとんどです。

このような場合、できる限り親族関係を証明する公的証明を集めたうえで、日本の法務局や日本の金融機関に対して、自分たち以外には相続人は存在しないことを誓った推定相続人全員の署名押印がある「申述書」を作成することもあります。

渉外事例への対応方法

日本の民間金融機関ではこのような渉外事例に弱いため、渉外事例にも対応できる相続手続きの専門家に協力を仰いで進めるのが賢明かもしれません。

手前味噌ですが、筆者は韓国籍と中国籍の従業員を直接雇用しており、東南アジアやロシア、ブラジルなどに現地協力者がいる強みを活かし、渉外事例で難航する親族関係の確定作業を支援しています。しかし、それでも難航するケースが後を絶ちません。

　こうした事態を防ぐには、生前からの対策が一番効果的です。国際結婚をした外国籍の方や特別永住者の方は生前に「遺言書」を作成し、そこに「日本法を準拠法とする」という一文を加えるとよいでしょう。そうすることで日本法を準拠法として相続手続きを進められるほか、(有効な遺言書でありかつ記載漏れがなければ)遺産分割協議を行う必要がないため、相続人全員を確定させる必要がなくなります(相続人確定調査が不要)。

条文

法の適用に関する通則法(平成18年法律第78号)
(婚姻の成立及び方式)
第24条　婚姻の成立は、各当事者につき、その本国法による。
2　婚姻の方式は、婚姻挙行地の法による。
3　前項の規定にかかわらず、当事者の一方の本国法に適合する方式は、有効とする。ただし、日本において婚姻が挙行された場合において、当事者の一方が日本人であるときは、この限りでない。

(婚姻の効力)
第25条　婚姻の効力は、夫婦の本国法が同一であるときはその法により、その法がない場合において夫婦の常居所地法が同一であるときはその法により、そのいずれの法もないときは夫婦に最も密接な関係がある地の法による。

(夫婦財産制)
第26条　前条の規定は、夫婦財産制について準用する。
2　前項の規定にかかわらず、夫婦が、その署名した書面で日付を記載したものにより、次に掲げる法のうちいずれの法によるべきかを定めたときは、夫婦財産制は、その法による。この場合において、その定めは、将来に向かってのみその効力を生ずる。
　　1　夫婦の一方が国籍を有する国の法
　　2　夫婦の一方の常居所地法
　　3　不動産に関する夫婦財産制については、その不動産の所在地法
3　前2項の規定により外国法を適用すべき夫婦財産制は、日本においてされた法律行為及び日本に在る財産については、善意の第三者に対抗することができない。この場合において、その第三者との間の関係については、夫婦財産制は、日本法による。
4　前項の規定にかかわらず、第1項又は第2項の規定により適用すべき外国法に基

5

づいてされた夫婦財産契約は、日本においてこれを登記したときは、第三者に対抗することができる。

（離婚）
第27条　第25条の規定は、離婚について準用する。ただし、夫婦の一方が日本に常居所を有する日本人であるときは、離婚は、日本法による。

（嫡出である子の親子関係の成立）
第28条　夫婦の一方の本国法で子の出生の当時におけるものにより子が嫡出となるべきときは、その子は、嫡出である子とする。
2　夫が子の出生前に死亡したときは、その死亡の当時における夫の本国法を前項の夫の本国法とみなす。

（嫡出でない子の親子関係の成立）
第29条　嫡出でない子の親子関係の成立は、父との間の親子関係については子の出生の当時における父の本国法により、母との間の親子関係についてはその当時における母の本国法による。この場合において、子の認知による親子関係の成立については、認知の当時における子の本国法によればその子又は第三者の承諾又は同意があることが認知の要件であるときは、その要件をも備えなければならない。
2　子の認知は、前項前段の規定により適用すべき法によるほか、認知の当時における認知する者又は子の本国法による。この場合において、認知する者の本国法によるときは、同項後段の規定を準用する。
3　父が子の出生前に死亡したときは、その死亡の当時における父の本国法を第一項の父の本国法とみなす。前項に規定する者が認知前に死亡したときは、その死亡の当時におけるその者の本国法を同項のその者の本国法とみなす。

（準正）
第30条　子は、準正の要件である事実が完成した当時における父若しくは母又は子の本国法により準正が成立するときは、嫡出子の身分を取得する。
2　前項に規定する者が準正の要件である事実の完成前に死亡したときは、その死亡の当時におけるその者の本国法を同項のその者の本国法とみなす。

（養子縁組）
第31条　養子縁組は、縁組の当時における養親となるべき者の本国法による。この場合において、養子となるべき者の本国法によればその者若しくは第三者の承諾若しくは同意又は公的機関の許可その他の処分があることが養子縁組の成立の要件であるときは、その要件をも備えなければならない。
2　養子とその実方の血族との親族関係の終了及び離縁は、前項前段の規定により適用すべき法による。

（親子間の法律関係）

第32条　親子間の法律関係は、子の本国法が父又は母の本国法（父母の一方が死亡し、又は知れない場合にあっては、他の一方の本国法）と同一である場合には子の本国法により、その他の場合には子の常居所地法による。

（その他の親族関係等）

第33条　第24条から前条までに規定するもののほか、親族関係及びこれによって生ずる権利義務は、当事者の本国法によって定める。

（親族関係についての法律行為の方式）

第34条　第25条から前条までに規定する親族関係についての法律行為の方式は、当該法律行為の成立について適用すべき法による。

2　前項の規定にかかわらず、行為地法に適合する方式は、有効とする。

（後見等）

第35条　後見、保佐又は補助（以下「後見等」と総称する。）は、被後見人、被保佐人又は被補助人（次項において「被後見人等」と総称する。）の本国法による。

2　前項の規定にかかわらず、外国人が被後見人等である場合であって、次に掲げるときは、後見人、保佐人又は補助人の選任の審判その他の後見等に関する審判については、日本法による。

　　1　当該外国人の本国法によればその者について後見等が開始する原因がある場合であって、日本における後見等の事務を行う者がないとき。

　　2　日本において当該外国人について後見開始の審判等があったとき。

（以下、省略）

遺言の方式の準拠法に関する法律（昭和39年法律第100号）

（趣旨）

第1条　この法律は、遺言の方式の準拠法に関し必要な事項を定めるものとする。

（準拠法）

第2条　遺言は、その方式が次に掲げる法のいずれかに適合するときは、方式に関し有効とする。

　　1　行為地法

　　2　遺言者が遺言の成立又は死亡の当時国籍を有した国の法

　　3　遺言者が遺言の成立又は死亡の当時住所を有した地の法

　　4　遺言者が遺言の成立又は死亡の当時常居所を有した地の法

　　5　不動産に関する遺言について、その不動産の所在地法

第3条　遺言を取り消す遺言については、前条の規定によるほか、その方式が、従前の遺言を同条の規定により有効とする法のいずれかに適合するときも、方式に関し有効とする。

5

（共同遺言）
第４条　前２条の規定は、二人以上の者が同一の証書でした遺言の方式についても、適用する。

（方式の範囲）
第５条　遺言者の年齢、国籍その他の人的資格による遺言の方式の制限は、方式の範囲に属するものとする。遺言が有効であるために必要とされる証人が有すべき資格についても、同様とする。

（本国法）
第６条　遺言者が地域により法を異にする国の国籍を有した場合には、第２条第２号の規定の適用については、その国の規則に従い遺言者が属した地域の法を、そのような規則がないときは遺言者が最も密接な関係を有した地域の法を、遺言者が国籍を有した国の法とする。

（住所地法）
第７条　第２条第３号の規定の適用については、遺言者が特定の地に住所を有したかどうかは、その地の法によつて定める。
２　第２条第３号の規定の適用については、遺言の成立又は死亡の当時における遺言者の住所が知れないときは、遺言者がその当時居所を有した地の法を遺言者がその当時住所を有した地の法とする。

（公序）
第８条　外国法によるべき場合において、その規定の適用が明らかに公の秩序に反するときは、これを適用しない。

附　則　抄
（施行期日）
１　この法律は、遺言の方式に関する法律の抵触に関する条約が日本国について効力を生ずる日から施行する。

（経過規定）
２　この法律は、この法律の施行前に成立した遺言についても、適用する。ただし、遺言者がこの法律の施行前に死亡した場合には、その遺言については、なお従前の例による。

附　則　（平成１８年６月２１日法律第７８号）　抄
（施行期日）
第１条　この法律は、公布の日から起算して１年を超えない範囲内において政令で定める日から施行する。

17 自動車の相続による承継手続きはどうするの？

 故人が所有していた自動車の名義変更はどうしたらよいのだろう？

 軽自動車か普通自動車かによっても手続きが少し異なるみたいだね

自動車の相続による承継手続き

　故人が自動車を保有していた場合、相続による承継手続きが発生します。近年増えている残価設定型クレジット払いやカーリース契約を締結していた場合には、故人が所有者ではない場合がほとんどですので、最新の「自動車検査証（車検証）」にて確認を行いましょう。もし故人が所有者ではなく単に「使用者」に過ぎない場合は、所有者であるリース会社等に手続方法の確認をします（リース会社等との契約上の名義変更手続きもあるためリース会社等により手続きに差異が生じます）。

　以下では、「所有者（兼使用者）」が故人である場合の承継手続きついて説明します。

誰が相続するのか　〜遺言書による指定又は遺産分割協議によって決定〜

　自動車は、不動産と同じく、遺言書がある場合及び相続人が単独の場合を除き、相続開始と同時に「相続人全員の共有状態」となります。これは軽自動車であっても普通自動車であってもトラックであっても同様です。そのため、不動産と同様に、相続人全員が参加する遺産分割協議によって、自動車の所有権の承継者を相続人の中から決めることが原則です。

　なお、実務上あまり例はありませんし、使用方法や管理を巡ってトラブルに発展しやすいためお勧めもしませんが、相続人全員での「共有名義」にすることも可能です。

5

自動車の名義変更に必要な手続きについて

①車庫の承継／相続人名義での「自動車保管場所証明」の取得

自動車を保有するには保管場所（車庫）が必要であり、原則として、管轄の警察署から「自動車保管場所証明書」を発行してもらう必要があります。一般的に「車庫証明」というもので、自動車の登録制度上、まずこの車庫証明を取得する必要があります。

ただし、例外として、保管場所に変更がなく、かつ新旧使用者の「使用の本拠の位置」に変更がない場合は、車庫証明書の取得は不要となります。これは「故人と同居していた相続人が同じ駐車位置のまま自動車を承継する場合」を指します。例えば少し離れていたところに相続した相続人が「別居」していた場合、たとえ「保管場所は変わらなくても」車庫証明が必須になる点は要注意です。

そして車庫証明の申請の際には、使用権原を証する書類も必要になりますので、同じ保管場所を使用するには、例えば賃貸借契約についても、新しい使用者への権利の承継がされていることが前提となる点も注意が必要です。

②自動車の所有権の承継手続き

自動車の所有権は「車検証」に記録されています。

軽自動車の場合は、各都道府県に事務所がある「軽自動車検査協会」で手続きを行います。普通車の場合は、管轄の運輸支局（又は自動車検査登録事務所）で手続きを行います。

▼自動車の所有権の承継手続きに必要になるもの

項目	説明	備考
申請者	相続人又はその代理人（行政書士等）	
申請時期	所有者変更の事由があった日から15日以内	道路運送車両法13条1項・同法109条2号（罰則あり）
添付書類	相続関係証明書類（被相続人の出生まで遡る一連の戸籍謄本等）原本	発行から3か月以内
	相続人全員の印鑑証明書原本	
	（有効期間内の）自動車検査証原本	車両内に保管あり
	自動車保管場所証明書（車庫証明書）	同居親族が相続人となる駐車位置も同一の場合に例外的に不要
	「遺産分割協議書」又は「遺産分割協議成立申立書（※協議結果が単独での承継であり、自動車の評価が100万円以下の場合）」、遺言書等	軽自動車の場合は不要
	手数料納付書	

※運輸支局の管轄が変わる場合（例えば東京都練馬区から東京都品川区への移転など）は、ナンバープレートが変わるために、原則として車両の持ち込みが必要です。

●③税金関係

「自動車取得税（相続の場合は非課税）・自動車税」についても、都道府県ごとの自動車税事務所等で納税義務者の変更の手続きが必要です。運輸支局等の同一敷地内に併設されておりますので、移転登録（承継手続き）の際に案内があり、申告書（報告書）もその場で入手できます。

●④「自賠責保険」の承継手続き

自動車の名義が代わっても、当然に自賠責保険の契約者が変更になるわけではありません。保険契約者たる地位を承継するためには、自賠責取扱保険会社（保険代理店）へ連絡をして、死亡がわかることを証明する戸籍等を添付して手続きを行う必要があります。もっとも、自賠責保険（強制保険）は被害者を守るための保険ですので、名義変更が終わっていなかったとしても補償はされます。

なお、自賠責保険の名義変更手続きは、自動車の名義変更を行ってから（承継した相続人名での車検証ができあがってから）行います。

●⑤民間の「自動車保険」の承継手続き

上記③の自賠責保険とは異なり、「任意保険」と言われる損害保険の一種です。任意保険に加入している場合は、こちらの契約者たる地位の承継手続きも行う必要があります。自動車保険には、「等級」があり、運転歴や事故歴などにより保険料が異なりますが、同居の家族であれば相続であっても等級が引継ぎできる保険会社もあるため、相続するメリットが生じ得ます。

自賠責保険と同じく自動車名義の変更が終わってからになりますが、等級引継ぎの点も含めて、保険会社又は保険代理店へ相談してください。

●面倒な時には、自動車販売店（ディーラー）か行政書士へ代行依頼を！

上記のように自動車の名義変更は、申請期限も「15日以内」と短く、事前に車庫証明書が必要になるなど、意外と煩雑な手続きであったりします。

売却を予定している場合は、付き合いのあるディーラー（自動車販売店）や売却を依頼する中古車販売店等が手配してくれる場合もありますが、単純に承継したい場合は、行政書士へ相談されるとよいでしょう。車両の持ち込みが必要のない場合で、戸籍関係も既に揃っている状態であれば、自動車保管場所証明書の取得も含めて概ね税別3～5万円の行政書士報酬となります（あくまで筆者が経営する行政書士法人の場合であり、事務所によって異なります）。

自賠責保険：「自動車損害賠償保障法」という法律によって、自動車や原動機付自転車を使用する際に、「全ての車の所有者に」加入が義務づけられている損害保険を言います。一般的には、「任意保険」と対比させて「強制保険」と呼ぶこともあります。

条文

道路運送車両法（昭和26年法律第185号）

（移転登録）

第13条　新規登録を受けた自動車（以下「登録自動車」という。）について所有者の変更があつたときは、新所有者は、その事由があつた日から15日以内に、国土交通大臣の行う移転登録の申請をしなければならない。

（以下、省略）

第109条　次の各号のいずれかに該当する者は、50万円以下の罰金に処する。

　　1　（省略）

　　2　第12条第1項、第13条第1項又は第15条第1項の規定による申請をせず、又は虚偽の申請をした者

（以下、省略）

18 電話加入権の名義変更手続きはどうするの？

故人が所有していた固定電話に関連して、「電話加入権」がある
みたい

「電話加入権」も相続財産として承継することができるみたいだよ

電話加入権とは

　電話加入権を簡単に説明すると、旧日本電信電話公社（現在のNTT）が、アナログ回線普及に必要な電柱や電線などのインフラ設備資金を調達するために、「施設設置負担金」という名目でお金を支払った人に対して与えていた「電話を引く権利（電話に加入する権利）」ということになります。法律上は「加入電話契約者が加入電話契約に基づいて加入電話の提供を受ける権利」（電話サービス契約約款第21条）と言います。

　昨今では、携帯電話が高齢世代にも普及し、携帯電話の契約をしたまま亡くなられるケースが増えていますが、まだまだこの電話加入権を所有しているケースも珍しくありません。故人が住んでいたご自宅に「固定電話」がある場合は、その契約内容を調べてみましょう。ただし固定電話があるからと言っても、インターネット回線を活用したタイプも普及しているため「電話加入権」を有するとは限りません。

「電話加入権」の財産的価値

　現在（本書執筆時）でも施設設置負担金は36,000円（消費税別）と定められているため、社会実態として取引市場が存在し、電話加入権の買取りを専門で行う事業者も存在しています。しかし、現在は電話加入権が不要なインターネット回線を用いた固定電話なども広く普及しているため、新たに電話加入権を求める人は希少であり、人気の高い電話番号（下4桁が「8888」など）でもなければ、売却できたとしても二

束三文でしょう。

　なお、国税庁が定める相続時の財産評価（令和2年財産評価基準書）としては東京都の価格で1本あたり1,500円となっています。

電話加入権の相続手続き（承継）について

　まず、承継手続きを行う窓口は、NTT西日本とNTT東日本で分かれます。インターネットを利用できる方は、それぞれの会社のホームページ内の該当ページより、手続き書類をダウンロードすることができるため、自宅にいながら手続きを完了させることができます。必要書類は次の通りです。

●承継手続きに必要な書類

　NTT西日本・NTT東日本共通です。

　死亡の事実及び相続関係が確認できる書類（写し可）が必要になります。

戸籍謄本

　故人の死亡日が記載された戸籍と、故人と新契約者の関係性がわかる戸籍が必要です。

　死亡年月日の記載がない場合は、戸籍謄本とあわせて、死亡年月日の記載がある住民票、死亡診断書、埋葬許可書のうち、いずれか1点を用意します。

遺言書（家庭裁判所の検認があるもの。公正証書は除く）

　遺言書がある方は写しを提出します。遺言書内で相続関係が確認できない場合は、その他に戸籍謄本等が必要となる場合があります。

　なお、法定相続人ではない方へ遺言書により名義変更をする場合は、「譲渡」扱いになります。

法定相続情報一覧図

　戸籍謄本等に代えて、法務局発行の法定相続情報一覧図を提出することも可能です。

その他

　提出する書類で、新契約者の生年月日・住所・氏名の確認ができない場合、別途、新契約者の本人確認書類（運転免許証・パスポート（住所記載のあるもの）等のいずれか1点の写し）が必要となることがあります。

NTT西日本

https://www.ntt-west.co.jp/denwa/mousikomi/name/syoukei.html

NTT東日本

https://web116.jp/shop/meigi1/mei1_02.html

　上記の通り、不動産や預貯金などの相続手続きとは異なり、すべての書類がコピーで足り、また印鑑証明書や遺産分割協議書は不要である点で、比較的簡易な手続きとなっています。なお、「承継」をせずに相続人からの「解約申し込み」を行ったり、承継したうえで同時に「利用休止」の手続きを取ったりすることも可能です。

　実務では、親族や知人からの電話連絡に備え、1年ほどそのまま契約を維持したのち、解約をされる方が多いです。前述の通り、譲渡性もありますが、電話番号が紐づいているため、売却される方はあまり多くないように感じます。

5

19 被相続人が 個人事業主として得ていた 「許認可」の承継はできる?

故人が個人事業主として得ていた許認可の承継はできるのだろうか?

許認可によって、承継手続きができるものとできないものがあるみたい

個人事業主が得ている(営業系)許認可の例とは

個人事業主が「許認可」を得て事業を行っていたまま、亡くなってしまうケースもあります。例えば、

国家資格者(士業や医師等)
個人タクシーや貨物軽自動車運送事業(いわゆる「赤帽ドライバー」)
建設業許可(いわゆる「一人親方」)
宅地建物取引業許可
飲食店営業許可
古物商営業許可
旅館業営業許可
介護保険法適用事業所指定申請(デイサービス等の経営)

等を保有して経営している個人事業主が「現役」のまま亡くなってしまった場合です。
「営業する権利」として財産的価値を把握できることから、原則的には(実体的には)相続を理由に承継することが可能であると考えられています(ただし、根拠法令により相続を原因とした承継手続きが定められていない場合は、要件を満たしたうえで新規で申請する必要があります)が、これらの許認可を得て、例えば家族経営で事業を行っていた場合に、許認可の承継ができないとなれば、いくら業績が良い状態であっても、法令に抵触する場合には、業務を中止せざるを得なくなります。

営業関連の許認可は無数にあるため、全ての許認可について説明は難しいですが、代表的な許認可の承継について本書では説明したいと思います。

　なお、相続の一般的効力の例外である「一身専属権」に該当する許認可については、そもそも相続の対象外であり、承継することができません（医師や弁護士などの本人の知識やスキルに基づくものがこれにあたります）。

　一方で、営業する権利として財産的価値を把握できることから、原則的には（実体的には）相続を理由に承継することが可能であると考えられています（但し、根拠法令により相続を原因とした承継手続きが定められていない場合は、要件を満たしたうえで新規で申請する必要があります）。

民法

（相続の一般的効力）

第896条　相続人は、相続開始の時から、被相続人の財産に属した一切の権利義務を承継する。ただし、被相続人の一身に専属したものは、この限りでない。

許認可別承継手続き（一例）

　次に、個人事業主が多い代表的な許認可の承継規定の有無をまとめます。

▼許認可別承継手続きの一例

許認可名称	根拠法令	承継手続き期限	その他・注意点・備考等
飲食店営業	食品衛生法	遅滞なく	
建設業	建設業法	死亡後30日以内	経営力向上計画認定による承継の特例適用あり（建設業法改正以前）
美容業	美容師法	遅滞なく	開設者たる地位を承継することが出来るにすぎず、実際に散髪等を行うためには相続人に免許が必要です。
理容業	理容師法		
クリーニング業	クリーニング業法	遅滞なく	営業権を承継したとしても、「クリーニング師」を配置する必要があります。
酒類販売業	酒税法	遅滞なく	酒類・酒母・もろみ製造業も同様です。
旅館業	旅館業法	死亡後60日以内	親族外承継については、経営力向上計画認定による承継の特例適用あり

上記以外にも個人に認められる許認可は無数にありますので、故人が個人事業を営んでいた際には、取得している許認可の棚卸しや承継を希望する場合の法令の確認が必要になります。

　相続開始後、法要等で多忙の際は、許認可の専門家である行政書士へ早めに相談されるとよいでしょう。特に、申請期限が明確に定められている建設業や旅館業では、期限を超えた場合には、改めて新規の申請が必要になってしまい、その間は事業が継続できなくなる（無許可営業）ため、要注意です。

　なお、一般的な対策としては、「個人事業を法人化しておく」という手段があります。税制上の負担増や決算処理が煩雑になるなど法人化に際しての一般的な注意事項はありますが、生前に「法人化」したうえで法人名義にて許認可を取得していましたら、代表取締役の相続開始（死亡）によって、許認可の承継の問題は生じません。しかしながら、法人格にて許認可を取得している場合であっても、代表取締役が個人として「人的要件」を満たしていた場合においては、（要件を満たす）後任者の選任などは必要となりますし、代表取締役の変更手続自体は必要となります。

具体的な「承継手続きの進め方」について

　前述の通り、「許認可」の根拠法により、手続き方法は大きく異なります。承継手続きが定められており、数枚の申請書の提出のみで、簡単な申請で済む場合もあれば、そもそも法令の中に承継手続きが定められておらず、一から新規として申請を要する場合もあります。仮に承継手続きができる場合であっても、相続関係書類や相続人全員の同意が必要な場合もあるため、後継者を巡って難航する場合もあります。いずれにせよ、まずはその許認可の所管となる行政窓口へ相談を行うようにしましょう。

　なお、承継を希望しなかったとしても死亡により廃業届出が必要な場合がほとんどですので、これらの届出も遅滞や提出漏れのないように注意しましょう。

中小企業経営強化法における「許認可の承継の特例」について

　事業承継等を行うことを記載内容に含む経営力向上計画の認定を受けた上で、その内容に従い、次のいずれかの許認可事業を承継する場合には、承継される側の事業者から、当該許認可に係る地位をそのまま引き継ぐことができます。これは、円滑な事業承継を可能とするための施策であり、「生前に」許認可を親族間で承継させる際や企業間の合併等を行う際に有益となります。

　各許認可の根拠規定は、以下のとおりです（※限定列挙）。

　①旅館業：旅館業法第3条第1項
　②建設業：建設業法第3条第1項
　③火薬類製造業・火薬類販売業：火薬類取締法第3条・第5条
　④一般旅客自動車運送事業：道路運送法第4条第1項
　⑤一般貨物自動車運送事業：貨物自動車運送事業法第3条
　⑥一般ガス導管事業：ガス事業法第35条

食品衛生法
第53条　前条第1項の許可を受けた者（以下この条において「許可営業者」という。）について相続、合併又は分割（当該営業を承継させるものに限る。）があつたときは、相続人（相続人が2人以上ある場合において、その全員の同意により当該営業を承継すべき相続人を選定したときは、その者）、合併後存続する法人若しくは合併により設立された法人又は分割により当該営業を承継した法人は、許可営業者の地位を承継する。
2　前項の規定により許可営業者の地位を承継した者は、遅滞なく、その事実を証する書面を添えて、その旨を都道府県知事に届け出なければならない。

建設業法
（相続）
第17条の3　建設業者が死亡した場合において、当該建設業者（以下この条において「被相続人」という。）の相続人（相続人が2人以上ある場合において、その全員の同意により被相続人の営んでいた建設業の全部を承継すべき相続人を選定したとき

は、その者。以下この条において単に「相続人」という。）が被相続人の営んでいた建設業の全部を引き続き営もうとするとき（被相続人が一般建設業の許可を受けていた場合にあつては相続人が当該一般建設業の許可に係る建設業と同一の種類の建設業に係る特定建設業の許可を、被相続人が特定建設業の許可を受けていた場合にあつては相続人が当該特定建設業の許可に係る建設業と同一の種類の建設業に係る一般建設業の許可を受けている場合を除く。）は、その相続人は、国土交通省令で定めるところにより、被相続人の死亡後30日以内に次の各号に掲げる場合の区分に応じ当該各号に定める者に申請して、その認可を受けなければならない。

　　　１　被相続人が国土交通大臣の許可を受けていたとき　国土交通大臣

　　　２　被相続人が都道府県知事の許可を受けていたとき　当該都道府県知事。ただし、次のいずれかに該当するときは、国土交通大臣とする。

　　　イ　相続人が国土交通大臣の許可を受けているとき。

　　　ロ　相続人が当該都道府県知事以外の都道府県知事の許可を受けているとき。

２　相続人が前項の認可の申請をしたときは、被相続人の死亡の日からその認可を受ける日又はその認可をしない旨の通知を受ける日までは、被相続人に対してした建設業の許可は、その相続人に対してしたものとみなす。

３　第７条及び第８条の規定又は同条及び第15条の規定は一般建設業の許可を受けていた被相続人又は特定建設業の許可を受けていた被相続人に係る第１項の認可について、前条第５項の規定は第１項の認可をしようとする承継に係る建設業の許可又は相続人が受けている建設業の許可について、それぞれ準用する。

４　第１項の認可を受けた相続人は、被相続人のこの法律の規定による建設業者としての地位を承継する。

５　前条第６項及び第７項の規定は、前項の規定により被相続人の建設業者としての地位を承継した相続人について準用する。

美容師法

（地位の承継）

第12条の２　第11条第１項の届出をした美容所の開設者について相続、合併又は分割（当該営業を承継させるものに限る。）があつたときは、相続人（相続人が２人以上ある場合において、その全員の同意により当該営業を承継すべき相続人を選定したときは、その者）、合併後存続する法人若しくは合併により設立された法人又は分割により当該営業を承継した法人は、当該届出をした美容所の開設者の地位を承継する。

２　前項の規定により美容所の開設者の地位を承継した者は、遅滞なく、その事実を証する書面を添えて、その旨を都道府県知事に届け出なければならない。

理容師法

第11条の3　第11条第1項の届出をした理容所の開設者について相続、合併又は分割（当該営業を承継させるものに限る。）があつたときは、相続人（相続人が2人以上ある場合において、その全員の同意により当該営業を承継すべき相続人を選定したときは、その者）、合併後存続する法人若しくは合併により設立された法人又は分割により当該営業を承継した法人は、当該届出をした理容所の開設者の地位を承継する。

2　前項の規定により理容所の開設者の地位を承継した者は、遅滞なく、その事実を証する書面を添えて、その旨を都道府県知事に届け出なければならない。

クリーニング業法

（地位の承継）

第5条の3　第5条第1項又は第2項の届出をした営業者について相続、合併又は分割（当該営業を承継させるものに限る。）があつたときは、相続人（相続人が2人以上ある場合において、その全員の同意により当該営業を承継すべき相続人を選定したときは、その者）、合併後存続する法人若しくは合併により設立された法人又は分割により当該営業を承継した法人は、当該届出をした営業者の地位を承継する。

2　前項の規定により営業者の地位を承継した者は、遅滞なく、その事実を証する書面を添えて、その旨を都道府県知事に届け出なければならない。

酒税法

（製造業又は販売業の相続等）

第19条　酒類製造者、酒母等の製造者若しくは酒類販売業者（以下この項において「酒類製造者等」という。）につき相続（包括遺贈を含む。以下同じ。）があつた場合又は酒類製造者等（個人に限る。）が酒類の製造免許若しくは酒母若しくはもろみの製造免許に係る製造業若しくは酒類の販売業免許に係る販売業の全部の譲渡（次項及び第30条第7項において「事業譲渡」という。）を行つた場合において、引き続きその製造業又は販売業をしようとする相続人（包括受遺者を含む。以下同じ。）又は譲受者（以下この条及び同項において「相続人等」という。）は、政令で定める手続により、遅滞なく、その旨をその製造場の所在地又はその販売場の所在地（販売場がない場合には、相続人等の住所地）の所轄税務署長に申告しなければならない。

2　前項の申告をした相続人等が第10条第1号から第3号まで及び第6号から第8号までに規定する者に該当しないときは、当該相続人等は、その相続又は事業譲渡の時において、被相続人（包括遺贈者を含む。以下同じ。）又は譲渡者が受けていた酒類の製造免許、酒母若しくはもろみの製造免許又は酒類の販売業免許を受けたものとみなし、当該譲渡者に係る製造免許又は販売業免許は、その効力を失う。

3　前項の規定の適用については、第10条第6号中「申請前」とあるのは、「申告前」

とする。

旅館業法

第３条の３　営業者が死亡した場合において、相続人（相続人が２人以上ある場合において、その全員の同意により当該旅館業を承継すべき相続人を選定したときは、その者。以下同じ。）が被相続人の営んでいた旅館業を引き続き営もうとするときは、その相続人は、被相続人の死亡後60日以内に都道府県知事に申請して、その承認を受けなければならない。

２　相続人が前項の承認の申請をした場合においては、被相続人の死亡の日からその承認を受ける日又は承認をしない旨の通知を受ける日までは、被相続人に対してした第３条第１項の許可は、その相続人に対してしたものとみなす。

３　第３条第２項（申請者に係る部分に限る。）及び第３項から第６項までの規定は、第１項の承認について準用する。

４　第１項の承認を受けた相続人は、被相続人に係る営業者の地位を承継する。

第6章

死亡後の相続手続き② 相続税の申告について

どのような家庭に相続税の申告が必要か？

うちは財産が少ないから相続税は関係ないかな？

案外、相続税の申告が必要な家庭は多いから気を付けてね

東京では6人に1人、相続税の申告が必要

　国税庁のデータによると、東京都で平成30年に亡くなった方の内、16.7%の方について相続税の申告が行われたというデータがあります。

▼平成30年分における相続税の申告事績の概要(東京都)

I　平成30年分における相続税の申告事績の概要（東京都）

平成30年分における被相続人数（死亡者数）は119,253人（前年対比102.4%）でした。そのうち相続税の申告書の提出に係る被相続人数は19,876人（同105.7%）で、その課税価格の総額は3兆6,549億円（同109.2%）、申告税額の総額は6,375億円（同109.6%）でした。

➤ 相続税の申告事績

項目	年分等	平成29年分 (注1)	平成30年分 (注2)	対前年比
①	被相続人数（死亡者数）(注3)	人 116,451	人 119,253	% 102.4
②	相続税の申告書の提出に係る被相続人数	外 7,584 人 18,811	外 7,748 人 19,876	外 102.2 % 105.7
③	課税割合 (②/①)	% 16.2	% 16.7	ポイント 0.5
④	相続税の納税者である相続人数	人 42,480	人 44,929	% 105.8
⑤	課税価格 (注4)	外 340,697 百万円 3,346,581	外 340,730 百万円 3,654,927	外 100.0 % 109.2
⑥	税額	百万円 581,720	百万円 637,517	% 109.6
⑦	被相続人1人当たり	課税価格 (注4) (⑤/②)	外 4,492 万円 17,791	外 4,398 万円 18,389	外 97.9 % 103.4
⑧		税額 (⑥/②)	万円 3,092	万円 3,207	% 103.7

（注）1　平成29年分は、平成30年10月31日までに提出された申告書（修正申告書を除く。）データに基づき作成している。
　　　2　平成30年分は、令和元年10月31日までに提出された申告書（修正申告書を除く。）データに基づき作成している。
　　　3　「被相続人数（死亡者数）」は、厚生労働省政策統括官（統計・情報政策担当）の「人口動態統計」のデータに基づく。
　　　4　「課税価格」は、相続財産価額に相続時精算課税適用財産価額を加え、被相続人の債務・葬式費用を控除し、さらに相続開始前3年以内の被相続人から相続人等への生前贈与財産価額を加えたものである。
　　　5　各年分とも、本書付相続税額のある申告に係る計数を示し、外書は相続税額のない申告書に係る計数を示す。

出典：東京国税局「平成30年分　相続税の申告事績の概要」（令和元年12月）より
(https://www.nta.go.jp/about/organization/tokyo/release/r01/sozoku_shinkoku/sozoku_shinkoku.pdf)

これはつまり、およそ6人に1人(100%÷16.7%)の割合で相続税の申告が必要ということです。「うちは大してお金がないから相続税は関係無い」と思われる方は多いですが、このように、相続税は意外と身近な税金です。

なお、相続税は、簡単に言えば、亡くなった方が保有していた財産額が基礎控除額を超える場合にかかります。基礎控除額は、以下の算式によって計算が行われます(相続税法第15条第1項)。

基礎控除額 = 3,000万円 + 600万円 × 法定相続人の数

法定相続人の数は、実際に財産を相続した人の数ではなく、相続の放棄をした人がいても、その放棄がなかったものとした場合の相続人の数をいいます。また、法定相続人のなかに養子がいる場合の法定相続人の数の算定は、次の通り行います(相続税法第15条第2項)。

(1)被相続人に実子がいる場合は、養子のうち1人までを法定相続人に含めます。
(2)被相続人に実子がいない場合は、養子のうち2人までを法定相続人に含めます。

具体的にどんな家庭で相続税の申告が必要？

たとえば次の家庭では、相続税の申告が必要な可能性が高いです。

● 相続人が少ない家庭(1人など)

相続税の基礎控除額は3,000万円+600万円×法定相続人の数によって計算が行われます。したがって、たとえば相続人が子ども2人のケースでは基礎控除額が4,200万円となりますが、子ども1人のケースでは基礎控除額が3,600万円のため、相続税がかかる可能性が高くなります。

● 相続財産の中に、土地などの不動産が含まれている場合

相続財産は、銀行預金などのいわゆる「お金」に限りません。お金が基礎控除額を超えるケースでは、明らかに相続税の申告が必要であることが確認できます。ただし、お金が多額でない場合であっても、「土地」や「マンション」を持っている場合は相続税の申告が必要な可能性が高いと考えられます。

相続財産は「お金」だけでなく、有価証券や生命保険金、マンションなどの不動産も含まれます。その中でも、土地の相続税評価額は意外と高いことも多く、極端な例

でいうと、令和元年分においてもっとも高い土地で、銀座で1㎡あたり4,560万円です※。先祖代々からの土地がある場合、その価値を認識していない方も多いですが、土地などの不動産がある場合、土地だけで相続税の基礎控除額を超えることも多くあります。

※参考：令和元年分　東京国税局各税務署管内における最高路線価
https://www.nta.go.jp/about/organization/tokyo/release/r01/rosenka/index.htm#a03

相続税の特例を受けるためには申告が必要

　配偶者の税額軽減を受ける場合や、小規模宅地等の特例を受ける場合は申告が必要です。これらの特例を適用した結果、財産額が基礎控除額を下回ったとしても、これらの適用を受けるためには相続税の申告を行うことが要件とされています。これらの適用を受ける場合には、申告を行わなければなりません。

2 相続税申告の スケジュールは?

相続税の申告や支払いは、いつまでに行わないといけないの?

亡くなった日の翌日から10か月以内に申告書を提出して、相続税を支払わないといけないよ

相続税の申告書はいつまでに出すの? 相続税はいつまでに支払わないといけない?

　相続又は遺言書によって財産を取得した人と、相続時精算課税による贈与(3-8節参照)を受けていた人は、亡くなった方の財産額(相続開始前3年以内の贈与や、相続時精算課税による贈与を足した金額)が基礎控除額を超えるときは、**相続の開始があったことを知った日(通常は亡くなった日)の翌日から10か月以内に、税務署に相続税の申告書を提出し、かつ、相続税を支払わなければなりません。**

　なお、相続税の申告書の提出期限は、相続税法第27条において次の通り規定されています。

6

相続税法第27条を一部省略
相続又は遺贈により財産を取得した者、及び、当該被相続人に係る相続時精算課税適用者は、当該被相続人から財産を取得したすべての者に係る相続税の課税価格の合計額がその遺産に係る基礎控除額を超える場合において、その者に係る相続税の課税価格に係る相続税額があるときは、その**相続の開始があつたことを知つた日の翌日から十月以内**に課税価格、相続税額その他財務省令で定める事項を記載した申告書を納税地の所轄税務署長に提出しなければならない。

　また、相続税の納付期限は、相続税法第33条において、次の通り規定されています。

相続税の申告書を提出するまでの流れは？

相続税の申告書を作成し、提出するためには、次の対応を行うことが求められます。

①いくら財産や債務があるかを把握する

②遺言書の確認もしくは遺産分割協議書の作成を行う（だれが、どの財産や債務を、いくら引き継ぐかを確定させる）

③相続税の申告書を作成し、相続税を支払う

これらの対応を、亡くなってから10か月以内に行わなければなりません。次節で解説しますが、相続税の申告に必要な資料は膨大にあります。また、遺言書がある場合は手続きがスムーズにいくことが多いですが、遺言書がない場合は、相続人同士で、だれが、どの財産や債務をいくら引き継ぐか確定させる「遺産分割協議」が必要です。これは、相続人同士の仲が良好でない場合、長引くことも少なくありません。仲が悪く、5年間など長期間遺産分割協議が確定していないケースも実際にあります。そうなってしまうと、相続税の問題以上に、財産を引き継ぐまでのタイムロスや精神的負担が大きくなってしまいます。

なお、仮に遺産分割協議がまとまっていなくても、10か月以内に一旦相続税の申告は行わなければなりません。申告期限までに相続税申告の手続きを終えるためには、10か月は決して長くありませんので、生前にきちんと準備し、もし準備できていなかったとしたら、死後、早めに対応を行うことが求められます。

円滑に相続税の申告書を提出するためにできることは？

相続税の申告書を提出するためには、相続人全員の協力が不可欠です。いくら財産や債務があるか等の把握も大変ですが、人間には欲があるため、相続手続きを進める中で相続人同士の仲が悪化してしまうことも少なくありません。

最初は仲が悪くなくても、遺産分割協議が思うように整わないことも多くありま

す。現金や預金などは金額が明確なため相続人同士でわけやすいですが、一方で、土地や建物といった不動産は、相続税評価額、固定資産税評価額、不動産市場における取引価格など様々な金額があることから、みんなが納得できる明確な金額の算定が容易ではない等の理由も挙げられます。

　ただし、一般的に遺言書がある場合は、どのような財産があるかを生前に洗い出しており、また、財産を、だれに、いくら、どのようにわけるかを決めているため、円滑に手続きが進みやすいです。したがって、円滑に相続手続きや相続税申告書の作成を終えるためには、元気なうちに遺言書を作成し、万が一のことがあったときは、すぐに専門家に相談できる体制を整えておくことが望ましいでしょう。

6

3 相続税申告に必要な資料は？

 相続税申告に必要な資料って何があるの？

 主に被相続人・相続人に関する資料と、相続財産に関する資料が必要だよ

相続税申告に必要な資料は大きく2種類

　相続税申告においては、被相続人・相続人に関する資料と、相続財産に関する資料が必要です。したがって、例えば次の資料が必要です。

- ・被相続人の出生から死亡までの連続戸籍や、相続人全員の戸籍謄本など
- ・土地・建物に関する資料
- ・預金や株式等に関する資料
- ・生命保険金等に関する資料
- ・債務に関する資料
- ・葬式費用に関する資料
- ・名義預金や生前贈与等に関する資料

　この他に、誰が遺産を引き継ぐのか確認するために、遺言書や遺産分割協議書も必要です。上記のうちには、税理士が相続税申告のために職権で取得できる資料もありますが、生命保険金の支払通知書や葬式費用の領収書など、そもそも税理士が取得できない資料もあります。したがって、相続税申告を行う際は、税理士が資料依頼リストを作成し、申告に必要な資料を相続人に収集していただくことが一般的です。

相続税の申告に必要な資料リスト

相続税の申告にあたって、必要な資料リストの一例を紹介します。

▼資料リスト

相続関係人に関する 確認資料	被相続人	戸籍謄本（出生から死亡まで）
		戸籍の附表
		略歴書
	相続人	全員の戸籍謄本
		戸籍の附表
		印鑑証明書
		住民票
		相続人関係図
		委任状
		障碍者手帳
		マイナンバーがわかる資料
	その他	遺言書
		遺産分割協議書
相続財産に関する資料	土地	住宅地図
		公図
		実測図
		そのほか、間口・奥行がわかるもの
		登記簿謄本
		固定資産税評価証明書
		固定資産税名寄せ帳
		賃貸借契約書
		無償返還の届出書等
	建物	登記簿謄本
		固定資産税評価証明書
		固定資産税名寄せ帳
		賃貸借契約書

6

相続財産に関する資料	上場株式	残高証明書
		株券のコピー（株券が発行されている場合）
		登録証明書
	公社債・投資信託等	残高証明書
		相続開始日における解約返戻金額がわかる資料
	預貯金	残高証明書
		相続開始日における解約既経過利子の計算明細書
		通帳のコピー又は預金残高移動明細書
	生命保険金等	生命保険金等の支払通知書
		保険証書等
		相続開始日における、解約返戻金等の金額がわかる資料
	損害保険金	保険金支払通知書
		保険証書等
	退職金・弔慰金	支払通知書
	ゴルフ会員権等	預かり証書等
		規約等
	その他の財産	公的年金支払通知書・給与支払明細書
		貸付金・未収地代・家賃等の明細表
		書画・骨董等の明細表・購入時の資料
		車の購入時の資料（車検証・売買契約書等）
債務・葬式費用に関する資料	債務	各種税金の申告書・納税通知書
		国民健康保険の領収証
		未払医療費の領収証
		各種未払金の請求書
		預り保証金・敷金の明細書
		借入金残高明細書・返済予定明細書
	葬式費用	領収書
		支払いを記録したメモ　（お布施等）

その他	その他	過去3年間の所得税申告書・財産債務の明細書等一式
		過去3年間の贈与税申告書・贈与財産の資料
		前回の相続関係書類
		手許現金・家財・電話加入権の口数 などに関する情報

　なお、上記はあくまでも一例です。この中でも不要な資料や、これら以外に必要な資料が出てくることもあります。また、未上場株式の評価にあたって必要な資料や、事業を行っている方の事業用財産については記載を省略しています。

相続税申告に必要な資料は膨大

　相続税申告に必要な資料は、上記で説明したように膨大です。

　そのため、相続税申告について税理士と相続人が契約を締結した後は、税理士がすぐに必要な資料の一覧を相続人に提示し、相続人に、スムーズに資料収集を行っていただくことになります。

　なお、もし遺言書がなく、遺産分割協議が必要となる場合、相続人同士で揉める可能性もあり、なかなか手続きが進まないことがあります。そのような場合には、税理士や司法書士、弁護士に相談し、資料の収集や遺産分割協議書の作成など、士業がサポートできる範囲についてはなるべくサポートを行ってもらい、速やかに申告を終えられるよう進めていくと良いでしょう。

6

4 小規模宅地等の特例って何ですか?

小規模宅地等の特例について教えてください

土地の相続税評価額を下げる方法です。要件について簡単に解説します

小規模宅地等の特例って何?

　小規模宅地等の特例とは、相続又は遺贈によって、亡くなった方などが事業や居住用に利用していた土地について、相続税評価額を引き下げることができる特例です。

　小規模宅地等の特例は租税特別措置法第69条の4項に規定があり、要約すると次の通りです。

> 　個人が、相続や遺贈によって取得した財産のうち、その相続開始の直前において被相続人又は被相続人と生計を一にしていた被相続人の親族の事業の用又は居住の用に供されていた宅地等のうち一定のものがある場合には、その宅地等のうち一定の面積までの部分については、相続税の課税価格に算入すべき価額の計算上、50%や20%で評価する。

　なお、この特例が受けられる土地は、建物又は構築物の敷地の用に供されているもの等の要件があります。そのため、空き地など単に「土地」というだけではこの特例は受けられず、建物などの上物があるか、居住用に使われていたかどうか等の要件を満たさなければ小規模宅地等の特例は使えません。

小規模宅地等の特例の限度面積や減額割合のまとめ

「小規模宅地等の特例」は、利用区分などに応じて次の4つの種類に分けられます。

①特定事業用宅地等

　　被相続人等の事業の用に供されていた宅地等

②特定同族会社事業用宅地等

　　相続開始の直前に、被相続人等が発行済株式の50%超を有している法人の事業の用に供されていた（貸し付けていた）宅地等

③特定居住用宅地等

　　被相続人等の居住の用に供されていた宅地等

④貸付事業用宅地等

　　被相続人等の貸付事業の用に供されていた宅地等

　これらのうち、一定の要件を満たすものについて50%減額もしくは80%減額を受けられる可能性があります。一般的には①「特定居住用宅地等」と④「貸付事業用宅地等」を検討することが多く、特に、減額割合が高く、適用も比較的受けやすい①特定居住用宅地等が適用されることが多いです。

　簡単に言えば、特定居住用宅地等とは、故人が自宅として保有していた家の土地のことであり、貸付事業用宅地等とは、故人が大家さんとして保有していた賃貸用アパート等が建っている土地のことを言います。

　なお、小規模宅地等の特例は、区分や土地の面積に応じて減額できる割合が次の通り異なります。

▼区分や土地の面積に応じて減額できる割合

該当する区分	限度面積	減額割合
特定事業用宅地等	400㎡	80%
特定同族会社事業用宅地等	400㎡	80%
特定居住用宅地等	330㎡	80%
貸付事業用宅地等	200㎡	50%

※複数の区分（特定事業用宅地等と貸付事業用宅地等など）について小規模宅地等の特例の適用を受ける場合には、限度面積の算定はそれぞれ400㎡、200㎡ずつ受けられるわけではなく、一定の算式による制限があります※。

※https://www.nta.go.jp/taxes/shiraberu/taxanswer/sozoku/4124.htm

6

小規模宅地等の特例の要件は？

小規模宅地等の特例には細かい要件がありますが、大きくは次の2つです。

①利用区分の要件

　亡くなった方、若しくは亡くなった方と生計を一にしていた方が事業用・居住用・貸付用として利用していた土地であること

②継続要件

　相続又は遺贈によって土地を引き継いだ相続人が、その土地を引き続き、被相続人の生前と同じ用途で使用していること

ここでは、小規模宅地等の特例のうち、最も使われるケースが多い「特定居住用宅地等」の要件について見ていきましょう。

▼特定居住用宅地等の要件

区分			特例の適用要件	
			取得者	取得者等ごとの要件
①	被相続人の居住の用に供されていた宅地等	1	被相続人の **配偶者**	「取得者ごとの要件」はありません。
		2	被相続人の居住の用に供されていた一棟の建物に **居住** していた親族	相続開始の直前から相続税の **申告期限** まで引き続きその建物に居住し、かつ、その宅地等を相続開始時から相続税の申告期限まで有していること
		3	上記1及び2以外の親族	次の(1)から(6)の要件を全て満たすこと（一定の経過措置があります） (1)居住制限納税義務者又は非居住制限納税義務者のうち日本国籍を有しない者ではないこと (2) **被相続人に配偶者がいないこと** (3)相続開始の直前において被相続人の居住の用に供されていた家屋に居住していた被相続人の相続人（相続の放棄があった場合には、その放棄がなかったものとした場合の相続人）がいないこと

①	被相続人の居住の用に供されていた宅地等	3	上記1及び2以外の親族	(4) 相続開始前3年以内に日本国内にある取得者、取得者の配偶者、取得者の三親等内の親族又は取得者と特別の関係がある一定の法人が **所有する家屋（相続開始の直前において被相続人の居住の用に供されていた家屋を除きます。）** に居住したことがないこと
				(5) 相続開始時に、取得者が居住している家屋を相続開始前のいずれの時においても所有していたことがないこと
				(6) その宅地等を **相続開始時から相続税の申告期限まで有していること**
②	被相続人と生計を一にしていた被相続人の親族の居住の用に供されていた宅地等	1	被相続人の配偶者	「取得者ごとの要件」はありません。
		2	被相続人と生計を一にしていた親族	相続開始前から相続税の申告期限まで引き続きその家屋に居住し、かつ、その宅地等を相続税の申告期限まで有していること

出典：国税庁「タックスアンサー No.4124 相続した事業の用や居住の用の宅地等の価額の特例（小規模宅地等の特例）」をもとに一部要約し作成
(https://www.nta.go.jp/taxes/shiraberu/taxanswer/sozoku/4124.htm)

　上記のうち、要点のみをかいつまんで説明すると次の通りです（実際に検討を行う際は、必ず条文を確認してください）。

6

①被相続人の居住のように供されていた宅地等
　簡単に言えば、故人が生前に住んでいた自宅です。次の要件を満たした場合に、小規模宅地等の特例のうち「特定居住用宅地等」の減額要件を満たすこととなります。

1. 被相続人の配偶者が取得した場合
　被相続人の配偶者が取得した場合には、特定居住用宅地等の減額要件を満たします。

2. 被相続人と同居していた親族が取得した場合
a. 居住継続要件
　相続開始の直前から相続税の申告期限まで引き続きその建物に居住すること
b. 保有継続要件

その宅地等を相続開始時から相続税の申告期限まで有していること

3. 家なき子の特例

a. 他に、自宅を相続すべき人がいないかの要件

i. 被相続人に配偶者がいないこと

ii. 相続開始の直前において被相続人の居住の用に供されていた家屋に居住していた被相続人の相続人がいないこと

b. 持ち家が無いこと等の要件

i. 相続開始前3年以内に、自身もしくは親族等が 所有する家屋に居住したことがないこと

ii. 相続開始時に、取得者が 居住している家屋を相続開始前のいずれの時においても所有していたことがないこと

c. 保有継続要件

その宅地等を 相続開始時から相続税の申告期限まで有していること

②被相続人と生計を一にしていた被相続人の親族の居住用に供されていた宅地等

次の要件を満たした場合に、小規模宅地等の特例のうち「特定居住用宅地等」の減額要件を満たすこととなります。

1. 被相続人の配偶者が取得した場合

被相続人の配偶者が取得した場合には、特定居住用宅地等の減額要件を満たします。

2. 被相続人と生計を一にしていた親族が取得した場合

a. 居住継続要件

相続開始前から相続税の申告期限まで引き続きその家屋に居住すること

b. 保有継続要件

その宅地等を相続税の申告期限まで有していること

「生計を一にしていた」というのは判断がむずかしいですが、たとえば親子間における生活費のやり取りが行われていたり、日常生活において一緒の財布で生活しているかどうかが1つのポイントです（個別事情に応じて判断する必要があります）。

　そのような生計を一にしていた親族の居住の用に供されていた宅地等については、被相続人の自宅として利用していた土地でなくても特定居住用宅地等の減額要件を満たす可能性があります。

6

5 小規模宅地等の特例の注意点は？

小規模宅地等の特例って、簡単に受けられるの？

いろいろと要件があるから「簡単に」とはいかないよ。注意点や落とし穴もあるから、気を付けてね

小規模宅地等の特例には細かい要件がある

前節で解説した通り、小規模宅地等の特例には、相続等で引き継いだ被相続人の自宅に居住し続けたり、保有し続けたりする継続要件など、細かい要件があります。また、特に気を付けたい次の注意点があります。

1. 贈与の場合は適用を受けることができない
2. 原則として、相続開始後10か月以内に遺産分割協議が整っている必要がある

それでは、注意点について確認していきましょう。

贈与の場合は適用を受けることができない

小規模宅地等の特例が適用できる可能性がある土地は、「相続又は遺贈により取得した財産」であることが条件とされています（租税特別措置法第69条の4）。したがって、相続でも遺贈でもない、「贈与」による土地の移転については、小規模宅地等の特例の要件を満たしません。

つまり、相続が起こった場合に小規模宅地等の特例の対象になり得る土地であったとしても、その土地を生前贈与した場合、小規模宅地等の特例の適用を受けることはできません。また、3-3節で解説した通り、不動産を相続によって移転した場合は不動産取得税がかからない一方、贈与によって子どもに移転した場合は不動産取

得税がかかるといった注意点もあります。

　相続税対策と思い、相続時精算課税 (3-8節参照) などを利用し、早まって子ども
に不動産を贈与した場合、節税はおろか、高額な税金の支払いが生じる可能性もあ
ります。もし土地の贈与を行う場合は慎重に検討を行いましょう。

原則として、相続開始後10か月以内に遺産分割協議が整っている必要がある

　租税特別措置法第69条の4第4項によると、小規模宅地等の特例の規定には次の
記載があります。

・相続税の申告書の提出期限までに分割されていない宅地等については、小規
　模宅地等の特例の適用は受けられない。

・ただし、その分割されていない宅地等が、申告期限から3年以内に分割され
　た場合はこの限りでない。

　つまり、小規模宅地等の特例の適用を受けるためには、相続税の申告期限内 (亡く
なった日の翌日から10か月以内) に、遺産分割協議によって、宅地の取得者が決定
されていなければなりません。

　もし間に合わない場合には、「申告期限後3年以内の分割見込書」を提出すること
によって、小規模宅地等の特例の適用を受けられる期限を延長することはできます
が、亡くなってから10か月以内に、一度相続税の申告を行わなければならないこと
に変わりはありません。そのため、申告期限後3年以内に分割されたとしても、相続
税の申告期限内に遺産分割協議が整っていない場合、一旦申告を行ったあとに更正
の請求という手続きを行う必要があり、2度手間が生じます。したがって、基本的に
は亡くなってから10か月以内に遺産分割協議を終え、申告を行う必要があります。

　なお、小規模宅地等の特例の要件は複雑なため、適用する場合、要件をよく確認し
ておく必要があります。上記の他にも、引き継いだ土地の保有を継続するなどの要
件がありますので、相続開始後、すぐに土地を売却することを防ぐなど、相続人全員
が制度の理解をしておくと良いでしょう。

6

▼申告期限後３年以内の分割見込書

通信日付印の年月日	確認印		名簿番号
年　月　日			

被相続人の氏名 _____

申告期限後３年以内の分割見込書

相続税の申告書「第11表（相続税がかかる財産の明細書）」に記載されている財産のうち、まだ分割されていない財産については、申告書の提出期限後３年以内に分割する見込みです。

なお、分割されていない理由及び分割の見込みの詳細は、次のとおりです。

1　分割されていない理由

_____
_____
_____
_____
_____

2　分割の見込みの詳細

_____
_____
_____
_____
_____

3　適用を受けようとする特例等

(1)　配偶者に対する相続税額の軽減（相続税法第19条の２第１項）

(2)　小規模宅地等についての相続税の課税価格の計算の特例
　　（租税特別措置法第69条の４第１項）

(3)　特定計画山林についての相続税の課税価格の計算の特例
　　（租税特別措置法第69条の５第１項）

(4)　特定事業用資産についての相続税の課税価格の計算の特例
　　（所得税法等の一部を改正する法律（平成21年法律第13号）による
　　改正前の租税特別措置法第69条の５第１項）

(資４-21-Ａ４統一)　　(平28.6)

出典：国税庁「申告期限後３年以内の分割見込書」より

(https://www.nta.go.jp/taxes/tetsuzuki/shinsei/annai/sozoku-zoyo/annai/pdf/2327.pdf)

　「申告期限後３年以内の分割見込書」には、「相続人同士で争いが起き、話し合いがつかない。現在、分割の見込みが確定しているのかしていないのか」といった内容を記載します。

　また、もし申告期限から３年以内に分割できなかった場合において、分割ができな

いやむを得ない事情があるとき（審判の申し立てなどが行われているときなど）は、申告期限後3年を経過する日の翌日から2か月を経過する日までに、以下の「遺産が未分割であることについてやむを得ない事由がある旨の承認申請書」を提出し、税務署長の承認を受けることで、分割できることとなった日の翌日から4か月以内に期限を伸長することができます。

▼ 遺産が未分割であることについてやむを得ない事由がある旨の承認申請書

6

出典：国税庁「遺産が未分割であることについてやむを得ない事由がある旨の承認申請書」より
(https://www.nta.go.jp/taxes/tetsuzuki/shinsei/annai/sozoku-zoyo/annai/pdf/28sozoku15.pdf)

おわりに

いかがでしたでしょうか。

本書をご覧いただき、相続実務のツボとコツおさえていただけましたでしょうか。

本書は、相続実務に携わる4士業（弁護士、税理士、行政書士、司法書士）によって、主に相続の実務家に向けて、簡単な手引書となるように執筆しました。

相続実務の局面には、相続開始前の問題と相続開始後の問題で対応方法が異なります。いずれにしても、相続開始前後における問題への知識や理解は密接に関係していますので、相続実務家としては、自分が得意とする業務以外の実務についても広く浅く押さえておきたいというニーズがあると思います。

この点、あまり細かな知識は他の専門家にゆだねつつも、一人ひとりが、ある程度どこでどのような手続きや知識が必要なのかを理解しておくことは、相続実務に携わる上で必須だと筆者は考えております。

特に相続実務では、民法、相続税法、不動産関連法規、信託法、保険法などの必須知識は多岐わたり、1人では対応できない相談案件の方が多いのではないでしょうか。

ただし、単に法律の条文の意味を知っている程度では、なかなか実務で役立てることは難しいように思います。大切なのは、仕入れた知識を数々の事案の中で活用できる、実務スキルということは言うまでもありません。

ですから、本書は、相続のツボとコツがわかる本ではなく、相続実務のツボとコツがわかる本として、相続実務で最低限押さえておきたいポイントを簡潔にまとめた書籍になっています。

そのため、最低限本書に記載してあることを理解しておけば、相続における実務家としては、十分であると考えております。

自分の専門外の部分の知識についても、ある程度の理解があれば、顧客へ落ち着いた対応ができ、信頼関係を築きやすくなるはずです。

本書の内容をさらっと読み、体系的な知識習得に役立てていただければ幸いです。そして、さらに知識を深めたいと考えらえれた際は、より、専門的な書籍を読むことや、疑問に思う点について、筆者等の専門家にご相談されることもお勧めします。

著者略歴

弁護士 道下 剣志郎 (みちした けんしろう)

一橋大学法学部法律学科卒業。慶應義塾大学法科大学院法務研究科卒業。第一東京弁護士会所属。西村あさひ法律事務所に勤務後、SAKURA法律事務所開業。会社法・金融商品取引法をはじめとする企業法務全般を手掛け、国内外のM&A、企業間の訴訟案件、危機管理案件、コーポレート・ガバナンス、株主総会対応等、幅広い案件を取り扱う。また、「Bloomberg」や「The Japan Times」からも取材を受け、年間多数の講演を行うなど、幅広い活動をしている。

執筆担当：第1章（第6節、第7節、第8節、第9節）、第4章

弁護士 宮本 武明 (みやもと たけあき)

慶応義塾大学法学部法律学科卒業。慶應義塾大学法科大学院法務研究科卒業。第二東京弁護士会所属。アンダーソン・毛利・友常法律事務所に勤務後、SAKURA法律事務所開業。不動産取引、国内外の資本市場における証券発行等、各種企業法務案件を取り扱う。

執筆担当：第1章（第6節、第7節、第8節、第9節）、第4章

弁護士 依田 俊一 (よだ しゅんいち)

慶應義塾大学経済学部卒業。東京大学法科大学院法務研究科卒業。第二東京弁護士会所属。経済産業省に入所後、アンダーソン・毛利・友常法律事務所に勤務し、野村證券株式会社企業情報部への出向を経て、SAKURA法律事務所開業。M&A・事業承継、事業再生、相続等、幅広い案件を取り扱う。

執筆担当：第1章（第6節、第7節、第8節、第9節）、第4章

税理士 坂根 崇真 (さかね たくま)

一般社団法人 全国第三者承継推進協会 理事、新宿税理士事務所 代表。月間10万人以上が閲覧する相続メディア「新宿相続センター」を運営しており、資産百億円規模の方の税務相談経験や相続税申告経験を数多く有している。また、士業など専門家の協会員1,500人以上の団体 全国第三者承継推進協会の理事に就任しており、後継

者不在による廃業を防ぐための相続対策・支援活動などを行っている。メディア実績はYahoo!ニュース、livedoorニュース、Smart News、幻冬舎GOLD ONLINEほか多数。

執筆担当：第3章、第6章

行政書士　野村 篤司（のむら あつし）

行政書士法人エベレスト代表社員。

大学在学中（2年次）、19歳で行政書士試験（平成18年度）に合格。大学卒業後は、東海地方大手の司法書士法人にて遺言・相続関連業務に約4年間従事。単独で500件以上の新規相談に対応するなど実務経験を多数蓄積したのち、平成26年7月に独立し、「行政書士事務所エベレスト」を個人開業。現在は、税理士・社会保険労務士・司法書士・株式会社と合わせた計5法人で構成される「エベレストグループ」の一翼として事業展開中。韓国籍と中国籍のスタッフを自社雇用し、韓国語・中国語・英語に対応した渉外相続事例にも多数取り組む。渉外分野に関連して、著書に「採用担当者なら押さえておきたい外国籍人材雇用の基礎知識（税務経理協会）」がある。

執筆担当：第5章（第1節、第2節、第6節、第9節を除く）

司法書士　榎本 亮冴（えのもと りょうご）

ユーベスト司法書士事務所代表

平成26年司法書士試験合格　同年司法書士登録

都内大手司法書士法人で部長に就任し、企業法務や相続実務を5年経験。後にユーベスト司法書士事務所設立。 大手保険会社や不動産会社にて30名規模の相続セミナー実施。相続相談件数は200件以上。企業や個人から幅広く相談案件を取り扱っている。

執筆担当：第1章（第1節、第2節、第3節、第4節、第5節）、第2章、第5章（第1節、第2節、第6節、第9節）

カバーデザイン・イラスト
mammoth.

相続実務のツボとコツが
ゼッタイにわかる本

発行日	2021年　3月25日	第1版第1刷
	2022年 12月15日	第1版第3刷

著　者　相続研究会

発行者　斉藤　和邦
発行所　株式会社　秀和システム
　　　　〒135-0016
　　　　東京都江東区東陽2-4-2　新宮ビル2F
　　　　Tel 03-6264-3105（販売）Fax 03-6264-3094
印刷所　三松堂印刷株式会社　　　　Printed in Japan

ISBN978-4-7980-6157-3 C2032